Impressum

Herausgeber
Inge und Norbert Gschwendtner

Fotos
Jürgen Hornung

Gestaltung und Druck
Kastner AG – das medienhaus, Wolnzach

2. Auflage Februar 2014

ISBN 978-3-941951-92-1

Inhalt

Liebe Freunde der Nudelstube Carrara,

Nun hat es etwas länger als versprochen gedauert, bis Sie dieses Büchlein in Händen halten können.

Ich habe einfach die freie Zeit, die ich als Rentnerin ganz ungewohnt zur Verfügung habe, unterschätzt. Nachdem unser Tag immer strukturiert gewesen war, ist es völlig ungewohnt, dass wir in einen Tag so viel hineinpacken können und Sie können es glauben, in einen Tag geht viel hinein!

Gott sei Dank haben viele von Ihnen nicht vergessen, was ich versprochen hab'. Und so liegt es jetzt vor Ihnen, unser Nudelstuben-Kochbuch, das ich Ihnen allen widme, in heiterer Erinnerung an Ihren Besuch bei uns „Nudelstublern".

Und sollten Sie uns wirklich verpasst haben, bekommen Sie so einen Eindruck der ligurisch-toskanischen Küche, wie wir sie gekocht und genossen haben, und die auch gar nicht schwer nachzukochen ist.

Eines hat allerdings auch unsere Art zu kochen an sich: Es funktioniert wirklich nur mit den besten Zutaten. Zum Beispiel ist es dabei nicht wichtig, ob Sie fruchtiges oder mildes Olivenöl vorziehen, es sollte halt immer ein prima vergine sein. Erste Pressung, am besten eine Kaltpressung, versteht sich.

Sie, meine Gäste, gehen mir immer mehr ab. Ich vermisse Ihre Gespräche und Ratschereien und bin recht froh, dass wir über das Nudelstuben-Kochbuch in Verbindung bleiben.

Also viel Freude mit den Nudelstubenrezepten!

Ihre Inge Gschwendtner

P.S.: … und dem Norbert danke ich von ganzem Herzen, dass wir immer noch miteinander lachen und reden mögen und können.

Vorwort

Im Arzneipflanzengarten des Deutschen Medizinhistorischen Museums in Ingolstadt wachsen viele
Pflanzen, die sich nicht für die Küche eignen.
Stechapfel, Tollkirsche und Fingerhut – um nur
einige zu nennen – sind Giftpflanzen. Ihre Inhalts-
stoffe müssen sorgfältig dosiert werden, um eine
heilende Wirkung zu erzielen. Wie schon Paracelsus
sagte: „Die Dosis macht das Gift".

Doch neben diesen giftigen Gewächsen finden
sich im Museumsgarten auch Pflanzen, die uns aus
der Küche bestens bekannt sind: Wacholder, Lieb-
stöckel, Dill, Salbei, Thymian und viele andere Ge-
würzpflanzen und Küchenkräuter sind hier versam-
melt. Sie alle enthalten wohlriechende ätherische
Öle. Diese Öle verbessern nicht nur den Geschmack
der mit ihnen zubereiteten Speisen, sondern entfalten bei ihrem Genuss auch eine wohltuende Wirkung auf unseren Körper. So ist es kein Zufall, dass
schwer verdauliche und fette Speisen wie Kohl und
Schweinefleisch traditionell mit dem verdauungs-
fördernden Kümmel gewürzt werden.

Wenn die Mitarbeiterinnen und Mitarbeiter des
Deutschen Medizinhistorischen Museums sich von
den kulinarischen Qualitäten dieser Heilpflanzen
überzeugen wollten, hatten sie bis Ende letzten
Jahres nur wenige Schritte zu gehen. In der nahe
gelegenen „Nudelstube" zeigten Inge und Norbert
Gschwendtner, wie wunderbar eine abwechslungs-
reiche mediterrane Kräuterküche schmecken und
munden kann.

Zu unserem großen Bedauern schloss die „Nudelstube" Ende 2012 ihre Pforten. Umso mehr freuen
wir uns nun über das „Nudelstuben-Kochbuch", das
es den ehemaligen Stammgästen der Nudelstube
möglich macht, die lieb gewonnenen und schmerz-
lich vermissten Gerichte nachzukochen.

Falls Sie beim Blättern im Kochbuch Sehnsucht
nach den duftenden Kräutern bekommen –
besuchen Sie die Originale einfach bei uns, im
Arzneipflanzengarten des Deutschen Medizinhistorischen Museums!

Prof. Dr. med. Marion Maria Ruisinger
Direktorin des Deutschen Medizinhistorischen Museums Ingolstadt

Die Basis

Kräuter, die in der Nudelstube verwendet wurden

Basilikum

Sein leicht nelkenartiges, aber frischwürziges Aroma lässt sich aus der italienischen Küche nicht wegdenken und ist eines der am meisten verwendeten Gewürze. Im getrockneten Zustand verliert er leider stark an Aroma. Wir verwendeten ihn frisch u. a. für Tomatensauce, Pesto, gebackene Auberginen, Fettuccine Mozzarella und Auberginen-Mozzarellaauflauf.

Cayennepfeffer (auch Chili genannt)

Er gehört zur Gattung der Paprika, schmeckt ungleich schärfer und kann je nach Geschmack und Schärfe in unterschiedlichen Mengen verwendet werden. Er wird in tropischen und subtropischen Ländern angebaut. Bei uns wird vor allem Cayennepfeffer aus Indien, China und Pakistan angeboten. Wir verwendeten ihn u. a. zur Piccante-Sauce, Nudeln mit Fisch, Ragout-Sauce, Zwiebel- und Bohnengemüse, Nudelsalat, Reissalat, Tintenfischvorspeise, Pesto und Marinara-Sauce.

Dill

Mit seinem feinen Geschmack verfeinert Dill besonders Salate und Fischsaucen. Er stammt aus Südamerika, ist bei uns sehr verbreitet und sollte nicht allzu lange miterhitzt werden. Wir verwendeten ihn als Zutat für Fischgerichte und für Dillbutter (s. Kräuterbutter).

Estragon

Durch das leichte Anisaroma eine delikate Würze mit frivolem Geschmack. Kurz vor der Blüte ist der Gehalt an würzigen ätherischen Ölen am höchsten. Estragon harmoniert sehr gut zu Flusskrebsen und Krabben und kann auch als Estragon-Butter über

Basilikum

Kerbel

längere Zeit verwendet werden (siehe Kräuterbutter). Er sollte erst ganz kurz vor Ende der Garzeit zugegeben und wenn möglich nicht zu stark erhitzt und sparsam verwendet werden.

Kerbel

Er hat einen frischen, feinen Geschmack und wird als Würzkraut verwendet, besonders für Suppen und Salate. Ebenfalls gehört er, neben den anderen Kräutern wie Petersilie, Schnittlauch und Dill, in jede Kräuterbutter.

Lorbeer (auch Gewürzlorbeer genannt)

Verleiht einen starkwürzigen, sehr prägnanten Geschmack. Die getrockneten Blätter können gerne mitgekocht, -gebraten und -geschmort werden. Die Blätter sollten aber vor dem Pürieren entfernt werden. Er ist gut geeignet für Suppen, Wild- und Fleischgerichte, Fisch und auch Tomatensauce, Sülzen und zur Essigaromatisierung. Man kann Lorbeer auch als Kranz auf dem Kopf tragen, allerdings sollte man sich nicht drauf ausruhen, denn dann trägt man ihn an der falschen Stelle. Das wusste schon Asterix!

Oregano

Der wilde Majoran – eine andere Bezeichnung für Oregano – ist das Kraut, welches wir neben Basilikum am ehesten mit Italien in Verbindung bringen. Sein sehr intensiver und pikanter Geschmack und sein herb aromatischer Duft kommen auch im getrockneten Zustand gut zur Geltung. Oregano eignet sich gut zu Omelette, italienischen Saucen, als Brotgewürz, in der Lasagne, zu Tomatensauce, Lamm und auch auf die Pizza. Oregano ist auch das Kraut, dem nachgesagt wird, dass es Kummer verschwin-

Lorbeer

Oregano

den lässt und die Menschen fröhlich macht. Daher auch der Name Wohlgemut. Er enthält ätherische Öle und Vitamin C.

Rosmarin

Dieses Kraut wird viel im Mittelmeerraum verwendet. Er duftet intensiv aromatisch, hat einen herben, pinienartig unverwechselbaren Geschmack, der Saucen ebenso wie pikante Gerichte aufwertet. Er gilt als klassisches Grillgewürz und harmoniert mit Fleisch, Geflügel, Lamm, Zucchini, Kartoffeln und als Nudelstubenbrotgewürz. Rosmarin kann auch gerne in Süßspeisen mit verwendet werden, z. B. im Vanillepudding mit Brombeeren und gerösteten Pinienkernen oder Panna cotta mit Zwetschgenröster. Versuchen Sie es einfach und lassen Sie sich von der Geschmacksintensität überraschen.

Salbei

Salbei hat einen intensiven, bitterwürzigen Geschmack und ist als Heil- und Würzkraut bekannt. Salbei kann man gut mit Butter vermengen und

Salbei

dadurch haltbar machen. Bei der Zubereitung darf man ihn nur leicht und kurz vor dem Servieren erhitzen, denn nur dann entwickelt er sein volles Aroma.

Schnittlauch

Jeder kennt ihn – er wurde bei uns frisch z. B. zu Salaten, Suppen, Spargel- und Pilzgerichten, Fisch und Steinpilzlasagnen und natürlich zur Kräuterbutter verwendet. Schnittlauch hat viel Vitamin C und eine zwiebelähnliche scharfe Würze. Auch die Blüten des Schnittlauchs kann man verwenden, z. B. als essbare Dekoration für Salat.

Thymian

Ein duftendes Kraut, das den Trocknungsvorgang gut übersteht und den Sommer in die Küche bringt. Es eignet sich auch hervorragend als Tee bei Hustenerkrankungen, da es eine stark desinfizierende Wirkung hat. Das sagte meine Freundin, Frau Prof. Dr. Dr. Christa Habrich vom Deutschen Medizinhistorischen Museum. Er ist eine ideale Ergänzung für pikante Gerichte wie Fleisch, Fisch oder Gemüse und zum Einlegen gut passend, insbesondere auch bei längeren Garzeiten. Frische Thymianzweige eignen sich ebenfalls gut zur Verschönerung der fertigen Gerichte vor dem Servieren.

Wacholder

Bekannt ist dieses Gewürz bei uns im Sauerkraut und in Wildgerichten sowie als Wacholderschnaps. Wir in unserer Nudelstube nutzten ihn zu unserem Wildschweinragout oder für den Kochsud beim Vitello Tonnato. Eine heilende Wirkung wird ihm nachgesagt, wenn man ihn kaut bei Verschleimungen in den Nebenhöhlen.

Wissenswertes

Vorneweg möchte ich Ihnen noch ein paar Informationen zum Gebrauch dieses Buches geben:

Maße und Gewichte
In der Nudelstube arbeiteten wir – weil es schnell gehen musste – mit der unorthodoxen Maßeinheit „Schöpfer".

• 1 Schöpfer entspricht 50 ml
• 1 Blatt Gelatine entspricht 2 g gemahlener Gelatine
• 1 Esslöffel (EL) entspricht einem glatten, nicht gehäuften großen Löffel
• 1 Prise entspricht 1–3 g
• Vorspeise: Rechnen Sie pro Person mit 200–250 g – folgt kein Hauptgang, nehmen Sie ruhig etwas mehr.

Nudeln kochen
Nehmen Sie 1 Liter Wasser pro 100 g Rohgewicht Nudeln und sparen Sie nicht am Salz. In Italien sagt man, das Nudelwasser müsse wie Meerwasser schmecken. Ich nehme gerne ein Ursalz, da es würziger schmeckt.
Die Kochzeit ist ein heikles Thema: Frische Nudeln brauchen viel weniger Kochzeit, als die getrockneten, die Sie im Handel kaufen. Rechnen Sie mit etwa 3 Minuten. Und probieren Sie immer. Wenn ich mir nicht sicher bin, koche ich ein paar „Test"-Nudeln mehr. Die Nudeln sind gut, wenn sie „al dente", also noch „bissfest" sind. Vergessen Sie bitte nicht, dass die Pasta auch ohne Wasser noch nachgart.

Das Kochwasser kann man gut zum Erwärmen der Nudelschüssel oder zum Verdünnen von Saucen nehmen.
Bitte die Nudeln nach dem Kochen nicht abschrecken, da durch das kalte Wasser die Oberfläche verschlossen wird und die Nudeln die Sauce nicht mehr aufsaugen können. Darum werden in Italien die Nudeln noch vor dem Servieren mit der Sauce vermengt und einen Moment stehen gelassen.

Kräuter
Den intensivsten Geschmack liefern frische Kräuter. Jahreszeitlich bedingt können Sie aber auch guten Gewissens auf getrocknete Gewürze zurückgreifen. Die frischen Kräuter sollten vor der Verwendung kurz unter fließendem Wasser gewaschen und nur trockengetupft werden. Mit einem ganz scharfen Messer schneiden, damit die Kräuter nicht gequetscht werden. Umso feiner der Schnitt ist, desto intensiver kann sich das Aroma entfalten.
In der Kräuterbeschreibung bekommen Sie einen Einblick, welche Kräuter in der Nudelstube verwendet wurden.

Tomatensauce
Nehmen Sie sich einmal ein paar Stunden Zeit und kochen eine größere Menge Tomatensauce (s. S. 16). Sie ist die Basis für viele Nudelstubengerichte. Die Sauce lässt sich in kleineren Portionen einfrieren und ist somit immer gebrauchsfertig.

Kräuterbutter

Zutaten

500 g Butter
200 g Petersilie
100 g Schnittlauch
100 g Kerbel
100 g Dill
30 g Koriander
2 EL Zitronensaft
Salz
Pfeffer

Tipp

Wenn Sie die gesamte Kräuterbutter nicht sofort verwenden wollen: Die Kräuterbutterwurst zunächst nur anfrieren lassen, dann mit einem scharfen Messer in ca. 3 mm dicke Scheiben schneiden und einzeln auf einem Blech einfrieren. Bei Bedarf können Sie die Stücke dann einzeln entnehmen.

Zubereitung

Die Butter in der Verpackung im warmen Raum stehen lassen, da sie sich weich leichter verarbeiten und kneten lässt.

Die Kräuter von den Stielen entfernen und mit kaltem Wasser waschen.

In einem Tuch trocken tupfen und dann grob schneiden.

Danach die Kräuter mit der weichen Butter, dem Zitronensaft, einer guten Prise Salz und frisch gemahlenem weißen Pfeffer in eine Schüssel geben. Alles zu einer homogenen Masse verkneten. Zum Schluss kleine Würste zu ca. 100 Gramm formen.

Die Kräuterbutterwürste in Frischhaltefolie einwickeln. Dadurch können sie über längere Zeit im Tiefkühlschrank aufbewahrt werden.

Die Kräuterbutter passt prima zu Fisch oder allen Arten von Fleisch. Wenn man sie in der Pfanne erhitzt, muss man darauf achten, dass die Kräuter nicht verbrennen.

Variationen

In der gleichen Weise können Sie auch Estragon-, Bärlauch-, Dill-, Schnittlauch- oder Salbeibutter herstellen.

Salbeibutter

Estragonbutter

Kräuterbutter

Brot aus der Nudelstube

Zutaten

900 g Weizenmehl (Type 405)
400 ml lauwarmes Wasser
40 g frische Hefe
15 g Salz
20 g Zucker
2 EL Sahne
2 EL Olivenöl
10 g getrockneter Rosmarin
Salz zum Bestreuen der Oberfläche

Tipp

Bei Umluft braucht das Brot etwas weniger Backzeit.

Statt Rosmarin kann man auch andere Trockengewürze wie z.B. Koriander, Oregano, Basilikum oder Thymian verwenden.

Zubereitung

Hefe zerbröseln. Salz, Zucker, Sahne, Rosmarin und Olivenöl zugeben und mit dem lauwarmen Wasser übergießen. Ca. 10 Minuten quellen lassen.

Das Mehl in eine Schüssel sieben und mit der vorbereiteten Flüssigkeit vermengen.

Den Teig auf einen bemehlten Tisch geben und mit den Händen gut durchkneten. Immer wieder etwas Mehl auf die Arbeitsplatte streuen und solange kräftig kneten, bis eine glänzende Kugel entstanden ist. Anschließend an einem warmen Platz in einer Schüssel ca. 30 Minuten ruhen und gären lassen, bis sich die Teigmasse etwa verdoppelt hat. Die Schüssel dabei mit einem Tuch abdecken.

Ein Backblech mit Olivenöl bestreichen und den auf ca. 3 cm Höhe ausgerollten Teig darauf legen. Das Blech an einen warmen Platz stellen, mit einem Tuch abdecken und eine weitere Stunde in der Wärme gehen lassen, bis sich die Masse in der Höhe verdoppelt hat.

Dann die Oberfläche mit Olivenöl bestreichen und leicht mit Salz bestreuen. Bei 220 Grad im Backofen ca. 15 Minuten goldgelb backen.

Tomatensauce

Zutaten

👤👤👤👤

1 Karotte
1 Zwiebel
50 g Sellerie
30 g Butter
2 EL Olivenöl
1 kg geschälte Tomaten aus der Dose (oder frische Tomaten)
2 Lorbeerblätter
1 EL Salz

Prise Pfeffer
Prise Zucker
Prise Rosmarin
Prise Nelkenpulver
Prise Oregano
Prise Majoran
Prise Thymian

Tipp

Diese Tomatensauce ist der Grundstock für viele Nudelstubengerichte. Sie kann für mehrere Tage im Kühlschrank aufbewahrt oder portionsweise eingefroren werden.

Zubereitung

Zwiebel, Karotte, Sellerie schälen und in Stücke schneiden.

Olivenöl und Butter erhitzen und darin das Gemüse im zugedeckten Topf anbraten. Mehrmals umrühren und die geschälten Tomatenstücke dazugeben.

Salz, Lorbeerblätter und die Gewürze untermischen und ca. 1½ Stunden bei kleiner Hitze unter öfterem Umrühren köcheln lassen.

Die Lorbeerblätter entnehmen und den Rest mit dem Pürierstab fein zerkleinern.

Rezept für italienischen Nudelteig

Zutaten

Nudelstubenrezept
250 g Mehl (Type 405)
250 g Hartweizengries
4 Eier
4 EL Wasser

Allgemeines Nudelrezept
100 g Mehl
300 g Hartweizengries
2 Eier
2 TL Olivenöl
50 ml lauwarmes Wasser

Tipp

Nudeln müssen in reichlich sprudelndem Salzwasser gekocht werden.

Zubereitung

Mit Maschine
Mehl in eine Schüssel geben. In der Mitte eine Mulde bilden und die Eier und das Wasser hineingeben. Mit einer Gabel die Flüssigkeit mit dem Mehl vermischen.

Anschließend mit den Händen den Teig ca. 10 Minuten kräftig kneten, bis ein feste Masse entsteht.

Ist der Teig zu fest, noch etwas Wasser unterkneten, ist er zu weich, noch mehr Mehl einarbeiten.
Den Teig anschließend in eine Frischhaltefolie einwickeln und 1 Stunde bei Zimmertemperatur ruhen lassen.

Teigreste, die nicht gleich verarbeitet werden, können in Frischhaltefolie gewickelt im Kühlschrank aufbewahrt werden.

Sollten Sie eine **Teigmaschine** besitzen, den Teig bzw. die entstehenden Teigbahnen mindesten 8 – 10 Mal durch die größte Öffnung drehen.

Anschließend die Maschine auf kleinere Öffnungen stellen und die Teigbahnen immer wieder durchdrehen.

Mit den Schneideaufsätzen in die gewünschte Form bringen.

Ohne Maschine
Arbeitsfläche mit Mehl bestäuben. Den Teig mit der Hand flachdrücken und mit dem Nudelholz ausrollen.

Dabei immer von der Mitte aus beginnen, von Zeit zu Zeit umdrehen und die Arbeitsfläche und das Nudelholz mehlieren.

Sobald der Teig die notwendige Stärke von etwa 1 mm erreicht hat, kann man ihn in die gewünschte Form zurechtschneiden.

Für Pappardelle oder Tagliatelle rollt man den Teig zusammen und schneidet Streifen in der gewünschten Breite.

Faustregel:
1 l Wasser für 100 g Nudeln

Sparen Sie nicht mit dem Salz.

Nudeln immer wieder umrühren, damit sie nicht verkleben.

Die Kochzeit für frische Nudeln ist ca. 3 Minuten.

Nudeln al dente kochen, denn sie garen nach dem Abschütten noch etwas nach. Niemals abschrecken, denn das spült die Stärke von den Nudeln und die Sauce haftet nicht mehr richtig.

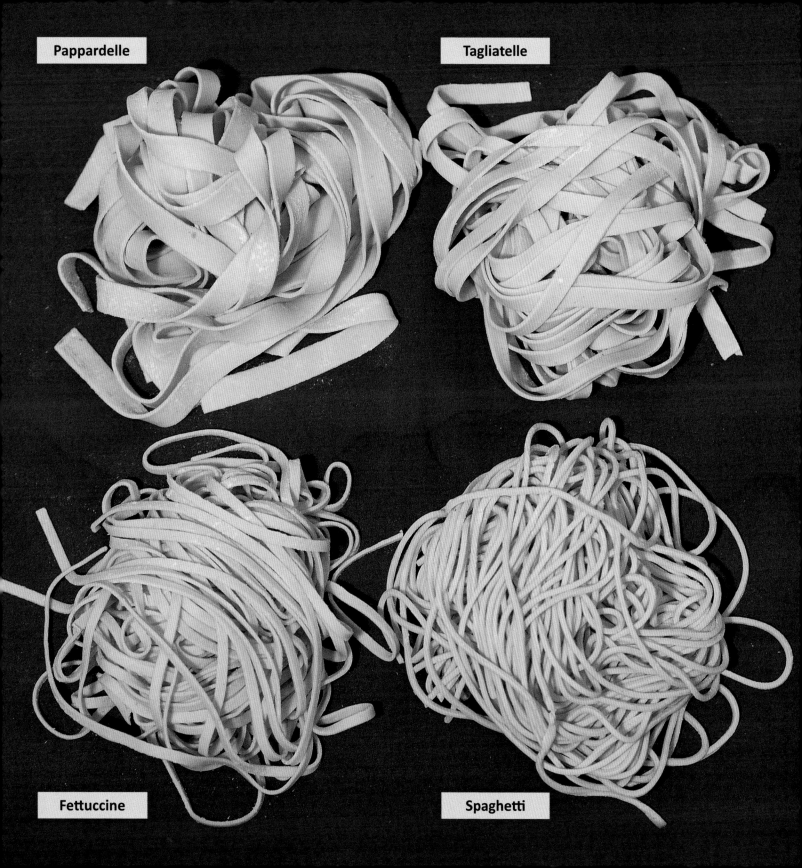

Pappardelle

Tagliatelle

Fettuccine

Spaghetti

Ravioli handgemacht

Zutaten

600 g Nudelplatten (1 mm Stärke)
2 Eigelb

Ricottafüllung:

200 g Ricotta
50 g gekochter Blattspinat
30 g geriebener Parmesan
20 g Semmelbrösel
1 TL Salz
weißer Pfeffer
Prise Muskat

Zubereitung

Blattspinat fest ausdrücken und mit dem Messer fein hacken. Zusammen mit dem Ricotta Parmesan und Semmelbrösel in eine Schüssel geben und fest vermengen. Mit Salz, Pfeffer und Muskat sehr kräftig würzen.
Durch die Zugabe von mehr Semmelbrösel können Sie eine griffige Konsistenz bestimmen.

Die Nudeln auf eine leicht bemehlte Platte legen und im Abstand von 4 cm kleine Tupfen von der Ricottamasse mit dem Teelöffel auflegen.

Die Zwischenräume mit Eigelb bestreichen und eine zweite Nudelplatte exakt darüberlegen. Jetzt drücken Sie mit den Fingern die Zwischenräume fest aufeinander und schneiden die Ravioli mit einem Teigrädchen.

Diesen Vorgang wiederholen Sie, bis die ganze Masse verarbeitet ist.

Tipp

Die Ravioli müssen nicht alle die gleiche Größe haben, denn dann sehen sie richtig handgemacht aus.

Vorspeisen

Auberginenplätzchen

Zutaten

2 Auberginen
Olivenöl
0,1 l Sonnenblumenöl
oder Maiskeimöl
Salz
2 EL Tomatensauce (s. S. 16)
100 g geriebener Parmesan
Prise Oregano

Zubereitung

Auberginen schälen und in ca. 1 cm dicke Scheiben schneiden. Die Scheiben leicht salzen und mit einem Küchentuch abgedeckt für mehrere Stunden in einem Sieb abtropfen lassen.

Die Scheiben vor dem Braten mit Krepppapier abtupfen, in Mehl wenden und dann in heißem Öl schwimmend goldgelb ausbraten.

Anschließend den Boden einer anti-haftbeschichteten Pfanne mit Parmesan ausstreuen und die gebratenen Scheiben im lockeren Abstand auslegen. Zuerst die Scheiben leicht mit Tomatensauce bestreichen, dann mit Oregano würzen und anschließend geriebenen Parmesan deckend darüber streuen.

Im Backofen bei ca. 130 Grad 12 – 15 Minuten gratinieren.

Die gebackenen Auberginen abkühlen lassen und anschließend in beliebig große Stücke schneiden.

Eine Verfeinerung besteht darin, die Auberginen in Stücke zu schneiden, mit Aceto Balsamico sowie Olivenöl zu beträufeln, eine dünne Scheibe Knoblauch darauf zu legen und mit gehackter Petersilie zu bestreuen.

Tipp

Diese Auberginen kann man z.B. lauwarm zum Aperitif reichen.

Bohnengemüse

Zutaten
👤👤👤👤

150 g weiße Bohnen
(Corona- oder auch Cannellini-
Bohnen genannt)
1 kleine Gemüsezwiebel
1 Karotte
100 g Sellerie
1 Knoblauchzehe
5 cl Weißwein
1 TL Rosmarin
Salz
Prise Pfeffer
1 TL Cayennepfeffer
frische, gehackte Petersilie

Zubereitung

Bohnen am Vortag in reichlich kaltem Wasser einweichen.

Am nächsten Tag Bohnen mit dem Wasser zum Kochen bringen und ca. 1 Stunde garen, bis sie weich sind.

Zwischenzeitlich Karotte und Sellerie schälen, zuerst in 1 mm dünne Scheiben, anschließend in ca. 1 cm große Rauten schneiden.
Die Zwiebel schälen, in kleine Würfel zerkleinern und in Olivenöl mit der gehackten Knoblauchzehe glasig anbraten.
Sellerie, Karotten und Rosmarin zugeben, würzen und bei kleiner Hitze mit etwas Weißwein al dente dünsten.

Die Bohnen abgießen und zu dem gegarten Gemüse geben. Kurz nochmals aufkochen, Petersilie untermischen, abschmecken und servieren.

Carpaccio vom Rind

Zutaten

200 g Rinderfilet
50 g Parmesan
1 EL Zitronensaft
gehackte Petersilie
2 EL Olivenöl
Prise Salz
Prise Pfeffer aus der Mühle

Tipp

In gleicher Art können Sie auch Carpaccio vom Fisch, z.B. Lachs, Schwertfisch oder Thunfisch zubereiten. Hier aber den Parmesan weglassen.

Zubereitung

Das Rinderfilet in Frischhaltefolie einwickeln und 3 Stunden in den Gefrierschrank legen.

Im noch halbgefrorenen Zustand aus dem Gefrierschrank nehmen. Das Filet mit einer Aufschnittmaschine oder einem sehr scharfen Messer in hauchdünne Scheiben schneiden und auf einem großen Teller auslegen.

Leicht salzen und mit Pfeffer aus der Mühle bestreuen.

Zitronensaft mit dem Olivenöl vermischen, leicht salzen und pfeffern und mit einer Gabel zur Emulsion schlagen.

Diese leicht cremige Masse mit der Gabel über das Fleisch träufeln.

Parmesan mit einem Gemüseschäler hobeln.

Zum Schluss mit der gehackten Petersilie und den Parmesanspänen dekorieren.

Mangoldgemüse

Zutaten

1 kg frischer Mangold
3 Knoblauchzehen
2 EL Olivenöl
Salz
Prise Pfeffer
Prise Majoran

Tipp

Sollten Sie den Mangold nicht gleich verarbeiten, so können Sie ihn nach dem Blanchieren mit kaltem Wasser abschrecken, ausdrücken und kühlstellen. Somit behält er auch seine schöne dunkelgrüne Farbe.

Zubereitung

Mangold – sowohl Blätter als auch Stiele – in ca. 4 cm lange Stücke schneiden und mehrmals waschen.

In Salzwasser ca. 5 Minuten blanchieren und abgießen.

In einer Pfanne Olivenöl erwärmen und die zerkleinerten Knoblauchzehen zugeben, leicht anschwitzen und den etwas ausgedrückten Mangold zugeben.

Mit Salz, Pfeffer und Majoran würzen und zugedeckt ca. 10 Minuten bei kleiner Hitze schmoren lassen.

Nudelsalat

Zutaten
👤👤👤👤

250 g frische Fettuccine
1 kleine Karotte
ca. 100 g Erbsen (aus der Dose)
100 g gekochter Schinken
50 ml Mayonnaise
1 EL mittelscharfer Senf
1 EL Weinessig
Salz
Prise Pfeffer
Petersilie

Zubereitung

Karotte schälen und in ca. 1 cm große Würfel schneiden. In Salzwasser blanchieren, bis sie bissfest sind und dann im kalten Wasser abschrecken.

Den Schinken ebenfalls in kleine Würfel schneiden und zu den abgekühlten und abgetropften Karotten geben.

Die Erbsen abtropfen lassen, zu den anderen Zutaten mischen, mit Mayonnaise, Senf, Salz, Pfeffer und 1 EL Essig zusammenrühren.

Die Nudeln in ca. 4 cm lange Stücke schneiden und im Salzwasser ca. 3 Minuten garen. Anschließend im kalten Wasser abkühlen und dann abtropfen lassen.

Alles mischen, abschmecken und ca. 30 Minuten durchziehen lassen.

Den Nudelsalat nochmals abschmecken, da die Nudeln erst den Geschmack annehmen müssen. Vor dem Servieren Petersilie zugeben.

Paprikagemüse

Zutaten
👤👤👤👤

1 rote Paprikaschote
1 grüne Paprikaschote
1 gelbe Paprikaschote
1 kleine Gemüsezwiebel
2 EL Olivenöl
2 EL Weißwein
1 Schöpfer Tomatensauce (s. S. 16)
1 Knoblauchzehe
Salz
Prise Pfeffer aus der Mühle
Prise Oregano

Zubereitung

Zwiebel schälen, in kleine Würfel schneiden und zusammen mit der zerkleinerten Knoblauchzehe in Olivenöl glasig andünsten.

Die Paprika halbieren, das Kerngehäuse entfernen und gut waschen. Die Paprika der Länge nach vierteln und diese Stücke nochmals halbieren.

Die Paprika zu den Zwiebeln geben, 1 Schöpfer Tomatensauce und die restlichen Gewürze mit dem Weißwein unterrühren. Zugedeckt bei kleiner Hitze garen. Dabei immer wieder umrühren und, wenn notwendig, etwas Weißwein nachgießen.

Nach ca. 30 Minuten ist das Paprikagemüse fertig gegart, nochmals abschmecken und lauwarm servieren.

Tipp

Als Vorspeise, Beilage oder Hauptgericht geeignet.

Reissalat

Zutaten
👤👤👤👤

1 Tasse Rundkorn-Reis
1 Karotte
100 g Erbsen aus der Dose
½ rote Paprikaschote
100 g Emmentaler
50 g Zwiebeln
10 schwarze Oliven, entkernt
1 Knoblauchzehe
Salz
Prise Pfeffer
Prise gemahlener Chili
1 EL Weinessig
1 EL Olivenöl
Parmesan

Tipp

Lässt sich gut schon am Vortag vorbereiten.

Zubereitung

Reis im Salzwasser gar kochen, mit kaltem Wasser abschrecken und abtropfen lassen.

Karotte schälen, in kleine Würfel schneiden und im Salzwasser al dente blanchieren.

Paprikaschote entkernen und in ca. 5 mm kleine Würfel schneiden.

Emmentaler in 1 cm Würfel schneiden.

Oliven in kleine Scheiben schneiden.

Alle Zutaten mit den Erbsen zusammenfügen, gekochten Reis, Parmesan, Gewürze und 1 EL Olivenöl sowie Weinessig dazugeben, abschmecken, ca. 30 Minuten durchziehen lassen und nochmals abschmecken.

Spargelsalat Italienische Art

Zutaten

1,2 kg weißer Spargel
der Qualitätsklasse
2 EL Zitronensaft
20 g Butter
2 EL Salz
1 Prise Zucker
2 EL Olivenöl
1 EL Aceto Balsamico bianco

Für die Garnitur

4 EL gehackte Petersilie
2 Tomaten
2 gekochte Eier
60 g Semmelbrösel
90 ml Olivenöl
Prise Salz
Prise weißer Pfeffer

Tipp

Den restlichen Spargel-
sud können Sie gut als
Fond für eine Spargel-
suppe verwenden.

Zubereitung

Spargel schälen und die Schalen
in 2 Liter kochendem Wasser ca.
10 Minuten köcheln lassen.

Die Schalen entnehmen, Salz,
Zucker, Zitronensaft und Butter
zugeben und den Spargel darin
12 Minuten sieden.

Anschließend den Spargel entnehmen und ausgebreitet abkühlen
lassen. Spargelwasser ebenfalls
abkühlen lassen.

Im abgekühlten Zustand ca. 300 ml
Sud entnehmen, Olivenöl und Aceto
Balsamico zugeben, den Spargel
darin mindestens 1 Stunde marinieren.
Je nach Geschmack noch etwas
nachwürzen.

Zubereitung der Garnitur

Semmelbrösel mit dem Olivenöl vermischen, salzen, pfeffern und ca.
30 Minuten quellen lassen.

Den Tomaten den Strunk entfernen
und an der gegenüberliegenden Seite
mit dem Messer ein Kreuz einritzen.
Im kochenden Spargelwasser ca.
15 Sekunden blanchieren, so dass sich
die Haut leicht abziehen lässt. Anschließend im kalten Wasser abschrecken, vierteln, Kerne entnehmen und
die Tomatenstücke in kleine Würfel
schneiden. Mit Salz und Pfeffer
würzen.

Die gekochten Eier in kleine Würfel
hacken.

Als Abschluss die zubereiteten Garni-
turen – wie im Bild dargestellt – an das
Ende des Spargels drapieren.

Tintenfischsalat

Zutaten
👤👤👤👤

1 kg Tintenfischtuben
(gefroren erhältlich)
4 Knoblauchzehen
100 ml Olivenöl
6 EL Zitronensaft
Prise Salz
Prise Pfeffer
Prise Cayennepfeffer
gehackte Petersilie

Tipp

Den Tintenfisch, wenn
möglich, am Vortag
kochen.

Zubereitung

Tintenfische im Salzwasser mit 3 EL Zitronensaft ca. 60 Minuten kochen lassen. Zur Sicherheit vor dem Abgießen ein kleines Stück probieren, da die Tintenfischtuben oft sehr unterschiedliche Garzeiten haben. Sie sollen zart und weich sein.

Nach dem Kochen ins kalte Wasser legen und abkühlen lassen.

Zwischenzeitlich Olivenöl mit den zerkleinerten Knoblauchzehen, 3 EL Zitronensaft, Salz, Pfeffer und Cayennepfeffer vermischen.
Die abgekühlten Tintenfische halbieren und die Innenseiten unter fließendem Wasser von Eiweißflocken und Schulp säubern.

Den Tintenfisch in ca. 2 cm große Stücke schneiden und in die Marinade geben.

Der Tintenfisch benötigt einige Stunden, bis er den gewünschten Geschmack angenommen hat. Eventuell nochmals abschmecken.

Gekühlt hält der Tintenfischsalat 4 – 5 Tage. Vor der Verwendung mindestens 1 Stunde bei Zimmertemperatur anwärmen und mit Petersilie bestreuen.

Sommerlicher Tintenfischsalat

Zutaten

500 g Tintenfischtuben
2 Stängel Stangensellerie
1 rote Paprikaschote
3 Knoblauchzehen
Prise Cayennepfeffer
1 EL Essig
5 EL Olivenöl
1 EL Zitronensaft
Prise Salz
Prise weißer Pfeffer

Zubereitung

Tintenfische – wie auf Seite 40 beschrieben – kochen, waschen und säubern.

Halbierte Tintenfischtuben in dünne Streifen schneiden und in einer Marinade aus Olivenöl, Zitronensaft, zerkleinertem Knoblauch, Cayennepfeffer, Salz und weißem Pfeffer einen halben Tag ziehen lassen.

Die Staudenselleriestangen waschen und in dünne Scheiben schneiden.

Die Paprikaschote halbieren, die Kerne entfernen, waschen und dann in kleine Würfel schneiden.

Alles mischen, mindestens eine halbe Stunde ziehen lassen. Eventuell nochmals abschmecken, denn der Tintenfisch nimmt die Marinade zögerlich an.

Tomate-Mozzarella mit Basilikum

Zutaten

♟♟♟♟

500 g Kirschtomaten
300 g Mozzarella (wenn möglich
im Block)
10 Stängel Basilikum
3 EL Aceto Balsamico bianco
4 EL Olivenöl
1 TL getrockneter Basilikum
Prise weißer Pfeffer
Salz

Zubereitung

Kirschtomaten waschen, halbieren und mit 2 EL Aceto Balsamico, Salz und Pfeffer marinieren. Für einen halben Tag in den Kühlschrank stellen.

Mozzarella in 2 cm dicke Würfel schneiden, mit dem getrockneten Basilikum, 2 EL Olivenöl, 1 EL Aceto Balsamico, Salz und Pfeffer würzen und ebenfalls in den Kühlschrank stellen.

Eine halbe Stunde vor dem Anrichten die Zutaten aus dem Kühlschrank nehmen.

Basilikumblätter von den Stängeln zupfen und mit einem scharfen Messer kleinschneiden.

Vor dem Servieren die Kirschtomaten mit den Mozzarellastücken und 2 EL Olivenöl vermischen und die geschnittenen Basilikumblätter unterheben.

Vitello tonnato

Zutaten

700 g Kalbfleisch aus der Keule oder aus der Nuss
¼ l Weißwein
100 g Sellerie
1 Karotte
1 Zwiebel
2 Lorbeerblätter
1 Knoblauchzehe
5 Wacholderbeeren
10 schwarze Pfefferkörner

Tonnatosauce

2 EL Kapern
3 Sardellenfilets (Anchovisfilets)
150 g Thunfisch in Lake
100 g Mayonnaise
1 Zitrone
1 EL Salz
Prise weißer Pfeffer
1 TL Zitronensaft

Für die Garnitur
Petersilie
Tomatenwürfel
Zitronenscheiben

Tipp

Den Kochsud kann man gut zum Aufgießen von Braten oder Suppen verwenden.

Zubereitung

1 Liter Wasser mit der in große Würfel geschnittenen Karotte, Sellerie, Zwiebeln, Lorbeer, Pfefferkörner, Wacholder, Salz, Knoblauch und Weißwein zum Kochen bringen.

Das Kalbfleisch ca. 35 Minuten darin köcheln und anschließend abkühlen lassen.

Tonnatosauce
In der Zwischenzeit die Mayonnaise, den Thunfisch, die Hälfte der Kapern, etwas Zitronensaft und die Sardellen mit dem Pürierstab ganz fein zerkleinern, bis eine mousse-artige Masse entsteht. Mit Salz und weißem Pfeffer abschmecken.

Auf einer Platte etwas Tonnatosauce verteilen und darauf das in dünne Scheiben geschnittene Kalbfleisch anrichten.

Darauf die Sauce träufeln und die restlichen Kapern streuen.

Mit Petersilie, Tomatenwürfeln und Zitronenscheiben dekorieren.

Zucchinigemüse

Zutaten

4 mittlere Zucchini (etwa 500 g)
2 EL Olivenöl
Salz
Prise weißer Pfeffer
Prise Thymian
80 ml Tomatensauce (s. S. 16)

Zubereitung

Zucchini waschen, in ca. 3 mm dicke Scheiben schneiden (dickere Zucchini vorher halbieren) und in heißem Olivenöl anbraten. Nach etwa 5 Minuten Salz, Pfeffer, Thymian und Tomatensauce zugeben und ca. 15 Minuten bei kleiner Flamme dünsten.

Tipp

Bei sehr dicken Zucchini empfiehlt es sich, das Kerngehäuse mit einem Löffel zu entfernen.

Lauwarm serviert schmeckt das Gericht am besten.

Zwiebelgemüse

Zutaten

3 Gemüsezwiebeln
2 EL Olivenöl
1 Knoblauchzehe
5 cl Weißwein
Salz
Prise Pfeffer
Prise Cayennepfeffer
Prise Majoran
frische, gehackte Petersilie

Zubereitung

Die Gemüsezwiebeln schälen und achteln. Im warmen Olivenöl mit der zerdrückten Knoblauchzehe andünsten, Kräuter zugeben und bei kleiner Hitze ca. 30 bis 35 Minuten garen, die Zwiebeln sollen noch einen ganz leichten Biss haben.

Tipp

Die Zwiebeln legen sich am Anfang des Garens leicht am Boden an, da noch nicht genug Flüssigkeit ausgetreten ist. Daher öfters die Pfanne schwenken oder umrühren. Als Erleichterung bei Bedarf etwas Weißwein zugeben.

Salate

Nudelstuben Salat

Zutaten

1 Eisbergsalat
1 Karotte
¼ Weißkrautkopf
1 Salatgurke
1 rote Paprikaschote
3 cl Zitronensaft
Weinessig
Olivenöl
Salz
Pfeffer

Tipp

Für den Nudelstuben-salat empfehle ich Ihnen gleich etwas mehr vorzubereiten, da die Zutaten im Kühlschrank einige Tage gelagert werden können.

Zubereitung

Kraut

Kraut von den äußeren Blättern befreien und quer zur Blattrichtung mit einem Hobel oder mit dem Messer fein schneiden. Den Strunk übrig lassen.
Das geschnittene Kraut mit Salz und Pfeffer würzen und mit ca. 2 cl Zitronensaft durchkneten. In einer Schüssel kräftig festdrücken.
Den Krautsalat ca. 3 Stunden ziehen lassen.

Karotte

Karotte schälen, mit einem Reibehobel zerkleinern und mit ca. 1 cl Zitronensaft vermischen.

Eisbergsalat

Vom Eisbergsalat die äußeren Blätter entfernen, den Kopf vierteln und in ca. 3 cm große Streifen schneiden. Sauber waschen und gut abtropfen lassen.

Paprika

Paprikaschote vierteln, Kerngehäuse entfernen und waschen. Die gereinigten Stücke in dünne Streifen schneiden.

Alle Zutaten im Kühlschrank aufbewahren.

Fertigstellung

Je nach Bedarf eine entsprechende Menge der einzelnen Zutaten in eine Schüssel geben, mit Essig, Öl, Salz und Pfeffer würzen und gleich servieren.

Salatplatten

Variation 1 – mit Schinken-Mozzarella-Ei (siehe Foto)
Variation 2 – mit Scampispießen
Variation 3 – mit Krabben
Variation 4 – mit Artischocken-Schinken-Ei

Zutaten

Salat auf der Basis des Nudelstubensalats von Seite 54

Variation 1
300 g Mozzarella
4 Scheiben gekochter Schinken
4 gekochte Eier
Prise Basilikum

Variation 3
32 gekochte Krabben
4 gekochte Eier
1 Tomate

Variation 2
8 Scampispieße
2 Tomaten
2 Scheiben Kräuterbutter

Variation 4
16 Artischockenherzen in Öl
4 Scheiben gekochter Schinken
4 gekochte Eier
Prise Basilikum
gehackte Petersilie

Zubereitung

Variation 1
Mozzarella in ca. 1 cm große
Stücke schneiden.
Schinken in 2 cm große Stücke
schneiden.
Mit dem Salat vermischen, Basili-
kum zugeben und mit den gevier-
telten Eiern dekorieren.

Variation 3
4 gekochte Eier kleinhacken und
mit den Krabben zu dem Nudel-
stubensalat geben.
Gut durchmischen und mit Toma-
tenspalten garnieren.

Variation 2
Scampispieße auftauen, mit Salz
und Pfeffer würzen, im heißen
Olivenöl goldbraun braten und
auf den Salat legen.
Tomaten entkernen, in kleine
Würfel schneiden, mit der Kräuterbutter in der gleichen Pfanne
anschwitzen und anschließend
über die Scampispieße und den
Salat verteilen.

Variation 4
Die Artischocken abtropfen lassen
und halbieren.
Schinken in kleine Stücke schneiden
und alles mit dem Salat vermischen.
Die geviertelten Eier auf den Salat
legen und Basilikum und Petersilie
darüber streuen.

Suppe

Minestrone à la Nudelstube

Zutaten
👤👤👤👤

100 g Weißkraut
50 g grüne Bohnen
2 Kartoffeln
1 große Karotte
1 Stange Lauch
1 Stange Staudensellerie
2 kleine Zucchini
1 Zwiebel
1 Knoblauchzehe
gehackte Petersilie
100 g gekochte rote Bohnen
(Kidney Bohnen)

2 Stücke Rinde vom Parmesan
3 EL Olivenöl
1 EL Pesto
geriebener Parmesan
100 g frische Fettuccine

Zubereitung

Das gesamte Gemüse und die Kräuter putzen bzw. waschen und in ca. 1,5 cm große Stücke schneiden bzw. hacken.

In einem Topf 1 Liter Wasser zum Kochen bringen und alle Zutaten zugeben, Hitze reduzieren und mit geschlossenem Deckel ca. eine Stunde köcheln lassen.

Dabei von Zeit zu Zeit umrühren. Anschließend mit Salz und Pfeffer abschmecken. Die Parmesanrinden herausnehmen und die Minestrone mit Olivenöl verfeinern.

Wenn das Gemüse fertig gekocht ist, die Fettuccine in ca. 3 cm lange Stücke schneiden und in die Suppe geben. 3 Minuten weiterkochen lassen und den Pesto hinein rühren. Eventuell nochmals abschmecken.

Auf Teller verteilen und mit geriebenem Parmesan, gehackter Petersilie und einem Schuss Olivenöl servieren.

Tipp

Ein herrliches Wintergericht.

Falls Sie einen Teil der Suppe aufheben möchten, sollten Sie noch keine Petersilie hinzufügen, da die Suppe ansonsten während des Aufbewahrens – auch im Kühlschrank – sauer werden kann.

Für den kleinen Hunger

Canapés
mit Gorgonzolacreme

Zutaten
Für 20 Stück

1 Baguette
300 g Gorgonzola
50 g Butter
3 EL Sahne
40 g geriebener Parmesan
20 Walnusskerne
Prise Muskat
Prise weißer Pfeffer
Salz
20 g Butter

Zubereitung

Gorgonzola auf Zimmertemperatur
erwärmen, mit Butter und etwas
Sahne kräftig durchkneten.
Mit Muskat, Pfeffer und wenig Salz
würzen.
Den Parmesan dazugeben. Durch
Hinzufügen von Sahne wird die
Creme etwas weicher.

Baguette in 1,5 cm dicke Scheiben
schneiden, leicht buttern und mit
einem Spritzbeutel die Gorgonzola-
creme aufspritzen.

Mit Walnusskernen garnieren.

Canapés
mit Olivenmousse

Zutaten
Für 20 Stück

1 Baguette
150 g kernlose schwarze Oliven
1 Knoblauchzehe
30 g geriebener Parmesan
2 EL Olivenöl
1 EL Zitronensaft
Salz
Pfeffer aus der Mühle
20 g Butter

Zubereitung

Alle Zutaten in einen schmalen,
hohen Behälter geben und mit dem
Stabmixer fein zerkleinern. Die Konsistenz sollte leicht cremig sein.

Das Baguette in 1,5 cm dicke Scheiben schneiden und leicht buttern.

Die vorbereitete Olivenmousse auf
die gebutterten Brotscheiben auf-
streichen.

Canapés mit Lachsmousse

Zutaten
Für 20 Stück

1 Baguette
250 g frischer Lachs
1 EL Mascarpone
½ frische Gurke
½ Bund Dill
1 TL Zitronensaft
Salz
Prise Pfeffer

Zubereitung

Die Gurke schälen und halbieren. Die Kerne mit einem Löffel herausschälen und aus der restlichen Gurke ganz kleine Würfel (Brunoise) schneiden.
Leicht salzen und ca. 30 Minuten in einem Sieb abtropfen lassen.

Den Lachs in dünne Scheiben schneiden und dann in Brunoise schneiden. Die Lachswürfel salzen, pfeffern und mit fein gehacktem Dill vermischen.

Die abgetropften Gurken mit dem Mascarpone und den Lachswürfeln verrühren, einen Spritzer Zitronensaft zugeben, kurz durchziehen lassen und eventuell nochmals abschmecken.

Canapés mit Tomatenragout

Zutaten
Für 20 Stück

1 Baguette
6 mittelgroße Tomaten
3 Stängel Basilikum
2 EL Olivenöl
1 EL Aceto Balsamico
Prise Pfeffer
Salz
20 g Butter

Zubereitung

Von den Tomaten den Strunk entfernen und in die gegenüberliegende Seite ein Kreuz ritzen.

Die Tomaten für ca. 15 Sekunden in kochendes Wasser tauchen, damit sich die Schale löst.
Dann in kaltem Wasser die Tomaten abschrecken, die Haut abziehen, vierteln und die Kerne entfernen.

Das Tomatenfleisch in kleine Würfel schneiden und mit Olivenöl, Aceto Balsamico, Pfeffer und Salz würzen. Ca. 1 Stunde beizen lassen und anschließend mit einem Sieb die entstandene Flüssigkeit abgießen.

Weißbrot in 1,5 cm dicke Scheiben schneiden.

Basilikum fein schneiden und unterheben. Das Ragout auf gebutterten Brotscheiben (evtl. vorher toasten) anrichten.

Lasagnen

Lasagne al forno

Zutaten

👤👤👤👤

250 g frische Nudelplatten

500 g Ragout-Sauce (s. S. 90)
150 g Tomatensauce (s. S. 16)
50 ml Sahne
Salz
Pfeffer
Muskat
80 g Parmesan

Béchamelsauce
20 g Butter
1 EL Olivenöl
40 g Mehl
400 ml Milch

Zubereitung

Nudeln im kochenden Salzwasser ca. 5 Minuten garen und im kalten Wasser abschrecken.

Béchamelsauce
In einem großen Topf Butter und Olivenöl erwärmen, das Mehl zugeben, verrühren und unter ständigem Rühren mit dem Schneebesen die erwärmte Milch zugeben und aufkochen lassen.

Die Ragout-Sauce, Tomatensauce, Sahne und die Gewürze vermengen und unter ständigem Rühren zu der Béchamelsauce geben. Erneut aufkochen lassen.

In einer feuerfesten Form die Ragout-Sauce dünn ausstreichen, mit Parmesan bestreuen und darauf eine Lage Nudelplatten legen.

Diese Schicht wiederum mit Sauce dünn bestreichen, Parmesan darüber streuen und Nudelplatten drauflegen. Diesen Vorgang können Sie bis zu 9 Mal wiederholen (Nudelstubenlasagne).

Als Abschluss auf die letzte Saucenschicht etwas mehr Parmesan streuen und im Rohr bei 160 Grad ca. 35 Minuten backen, bis die Lasagne eine leichte Bräunung hat.

Lasagne mit Gemüse

Zutaten
👤👤👤👤

250 g frische Nudelplatten

100 g Zwiebel
1 Zucchini
100 g Mangold
1 rote Paprika
2 Schöpfer Tomatensauce (s. S. 16)
1 Knoblauchzehe
30 g Mehl

Béchamelsauce
30 g Butter
1 EL Olivenöl
300 ml Milch
50 ml Sahne

80 g Parmesan
je eine Prise Thymian, Majoran,
Oregano, Salz, Pfeffer, Muskat
30 g gehackte Petersilie

Tipp

Wenn Sie noch Reste
eines Gemüsegerichts
haben, können Sie
diese gut unter die
Gemüsemasse rühren.

Zubereitung

Die Zwiebeln achteln und in Olivenöl mit der zerkleinerten Knoblauchzehe glasig anschwitzen. Anschließend die Paprika waschen und entkernen, achteln und mit den in ca. 5 mm dick geschnittenen Zucchini zu den Zwiebeln geben. Mit den genannten Gewürzen abschmecken und zugedeckt bei kleiner Hitze ca. 20 Minuten köcheln lassen.

In der Zwischenzeit den Mangold waschen, in 4 cm lange Stücke schneiden und im Salzwasser 5 Minuten blanchieren. Anschließend in einem Sieb abtropfen lassen und zu dem al dente gegarten Gemüse geben. Nochmals aufkochen und beiseite stellen.

In einem Topf die Butter mit dem Olivenöl erwärmen, das Mehl einstreuen und die erwärmte Milch mit einem Schneebesen unterrühren.

Die Sahne und das gegarte Gemüse zugeben, nochmals aufkochen lassen, abschmecken und gegebenenfalls mit etwas Weißwein oder Wasser verdünnen.

Nudelplatten in Salzwasser 3 Minuten kochen und im kalten Wasser abschrecken.

In einer feuerfesten Form eine dünne Schicht von der Gemüsefüllung verteilen, etwas Parmesan darüber streuen und mit einer Lage der gekochten Nudelplatten belegen.

Diese Prozedur 5 bis 6 Mal wiederholen und als letztes eine etwas kräftigere Schicht Parmesan darüber streuen.

Im vorgeheizten Rohr bei 160 Grad ca. 30 Minuten gratinieren lassen, bis eine goldbraune Kruste entsteht.

Lasagne verdi

Zutaten
👤👤👤👤

250 g Nudelplatten (1 mm Stärke)

1 kg Mangold
1 Knoblauchzehe
Salz
Prise Pfeffer
Prise Muskat
80 g Parmesan

Béchamelsauce für dieses Rezept
20 g Butter
1 EL Olivenöl
40 g Mehl
400 ml Milch
50 ml Sahne

Tipp

Den gekochten Mangold nicht zu lange im warmen Zustand stehen lassen, sonst wird er schnell braun.

Zubereitung

Mangold in 4 cm lange Stücke schneiden und im Salzwasser 10 Minuten weich kochen, dann das Wasser abgießen.

Den etwas ausgedrückten Mangold in Olivenöl mit einer zerdrückten Knoblauchzehe, Salz, Pfeffer und Muskat ca. 10 Minuten zugedeckt schmoren.

In einem Topf die Butter mit dem Olivenöl erwärmen, das Mehl einstreuen und die erwärmte Milch mit einem Schneebesen unterrühren, Sahne zugeben und den Mangold unterheben.

Insgesamt werden 6 – 7 Schichten Nudelplatten benötigt.

Die Schichtung folgt wie bei der Lasagne al forno (s. S. 68).

Die Lasagne bei 160 Grad 35 Minuten backen, bis eine bräunliche Kruste erreicht wird.

Lasagne mit Meeresfrüchten

Zutaten

250 g frische Nudelplatten

500 g Tintenfischtuben
80 g Parmesan
20 Krabben, gefroren
200 g frischer Lachs
3 EL Zitronensaft
Salz

Fischvelouté Sauce
20 g Butter
1 EL Olivenöl
50 g Mehl
350 ml Milch
50 ml Sahne
1 Schöpfer Tomatensauce (s. S. 16)
Salz
Prise Pfeffer
Prise Muskat
½ Bund Schnittlauch
100 ml Krabbensud

Tipp

Übrig gebliebene Lasagne können Sie am folgenden Tag ohne Probleme aufwärmen.

Vor dem Servieren dann abgedeckt in der Mikrowelle ca. 4 – 5 Minuten erwärmen.

Zubereitung

Vorbereitung
Tintenfisch im Salzwasser mit 2 EL Zitrone ca. 1 Stunde kochen.

In kaltem Wasser abschrecken, halbieren und die Innenseiten von Eiweißflocken und Schulpe säubern. Den Tintenfisch in 5 mm dicke Streifen schneiden.

Krabben in einem Topf, dessen Boden mit Wasser bedeckt ist, sowie mit Salz und Zitronensaft zum Kochen bringen. Krabben aus dem Sud nehmen und beiseite stellen. Den Sud aufheben.

Fischvelouté Sauce
In einem großen Topf Butter und Olivenöl erwärmen, das Mehl zugeben, verrühren und mit der erwärmten Milch ablöschen.
Den Krabbensud zugeben und mit den Kräutern, der Sahne und der Tomatensauce würzen.

Die Krabben längs halbieren und mit den geschnittenen Tintenfischen in die Sauce geben. Den fein geschnittenen Schnittlauch zugeben und kurz aufkochen.

Für die Lasagne eine Schicht der Fischvelouté auf den Boden einer Auflaufform verteilen, eine weitere Lage Nudelplatten darüberlegen und den in dünne Scheiben geschnittenen Lachs vereinzelt darauflegen. Mit Parmesan bestreuen und wieder mit einer Nudelschicht beginnen.

Den Vorgang 6 – 7 Mal wiederholen. Die letzte Schicht wieder mit etwas mehr Parmesan bestreuen und im Rohr bei 160 Grad ca. 35 Minuten backen, bis eine goldbraune Farbe erreicht ist.

Lasagne mit Steinpilzen

Zutaten
👤👤👤👤

250 g Nudelplatten

Steinpilzsauce
700 g gefrorene oder frische
Steinpilze
1 Zwiebel
1 Knoblauchzehe
1 TL Zucker
Prise Oregano
20 g Butter
1 EL Olivenöl

Béchamelsauce
20 g Butter
1 EL Olivenöl
40 g Mehl
400 ml Milch
50 ml Sahne
Salz
Prise Pfeffer
Prise Muskat

80 g Parmesan

Tipp

Am besten schmecken
natürlich frische Stein-
pilze, die Sie vielleicht
auch noch selbst ge-
sammelt haben.

Zubereitung

Zwiebel in kleine Würfel schneiden
und in Olivenöl und Butter glasig
anschwitzen. Die geschnittenen
Steinpilze dazugeben, mit Salz, Pfeffer und Oregano würzen und bei
kleiner Hitze 10 Minuten kochen.

Die Béchamelsauce – wie im Gericht Lasagne al forno beschrieben
(s. S. 68) – zubereiten, aufkochen
lassen und die gegarten Pilze dazugeben.
Je nach Bindung mit etwas Weißwein verdünnen.

In einer feuerfesten Form werden die
im kochenden Salzwasser gegarten
Nudeln, die Pilzsauce und der Parmesankäse geschichtet und bei 160 Grad
35 Minuten gegart.

Auberginen-Mozzarellaauflauf

Zutaten
👤👤👤👤

1 kg Auberginen
400 g Mozzarella (wenn möglich als Stange)
300 g Tomatensauce (s. S. 16)
Salz
Pfeffer
getrockneter Basilikum
4 mittlere Tomaten
6 Kirschtomaten
2 EL weißer Aceto Balsamico
Sonnenblumenöl

Zubereitung

Die Auberginen schälen und anschließend in 1 cm dicke Scheiben schneiden, leicht salzen und in einem Sieb mehrere Stunden abgedeckt stehen lassen, damit sie abtropfen können.

Die Tomaten in Scheiben schneiden und mit den halbierten Kirschtomaten in weißem Aceto Balsamico marinieren.

Anschließend die Auberginenscheiben in Mehl wenden und im heißen Sonnenblumenöl goldgelb ausbraten, auf ein saugfähiges Papier legen und abkühlen lassen.

Den Mozzarella in dünne Scheiben (ca. 2 mm) schneiden.

In eine feuerfeste Form eine dünne Schicht Tomatensauce streichen und darauf eine Lage Auberginen legen. Darauf den Mozzarella legen, wieder Tomatensauce verteilen und mit Salz, Pfeffer und Basilikum bestreuen. Diesen Vorgang viermal wiederholen. Als Abschluss Auberginen, Tomatensauce, Gewürze, Kirschtomaten und darauf als letztes den Mozzarella legen.
Etwas Basilikum darüber streuen und im Rohr bei 160 Grad etwa 35 Minuten gratinieren.

Nudeln
mit Fleisch, Speck oder Schinken

Tagliatelle all'amatriciana

Zutaten

👤👤👤👤

500 g Tagliatelle

100 g geräucherter Speck,
in kleinen Würfeln
1 mittelgroße Gemüsezwiebel
1 TL Tomatenmark
2 Schöpflöffel Tomatensauce
(s. S. 16)
1 Tomate, in kleinen Stücken
frischer Majoran
Salz
Pfeffer aus der Mühle
2 EL Olivenöl

Zubereitung

Die gewürfelte Zwiebel im Olivenöl
glasig anbraten, den Speck zugeben
und das Fett etwas ausbraten.

Anschließend Tomatenmark einrühren und mit der Tomatensauce aufgießen.

Mit Majoran, Salz und Pfeffer würzen und 30 Minuten köcheln lassen.
Anschließend die Tomatenstücke
zugeben.

Die in Salzwasser ca. 3 Minuten
gekochten Nudeln unterheben.

Tagliatelle Buongustaia

Zutaten
👤👤👤👤

500 g Tagliatelle

250 g Champignons
30 g Butter
1 EL Tomatenmark
3 Tomaten
5 cl Weißwein
2 cl Olivenöl
1 Knoblauchzehe
½ Zwiebel
2 EL Sahne
1 Knoblauchzehe

50 g Erbsen
1 dicke Scheibe gekochter Schinken,
in Würfel geschnitten
Prise Oregano
Prise Nelken
Salz
Pfeffer

Zubereitung

Champignons waschen, vierteln und
mit etwas Weißwein, Butter, Zwie-
belwürfeln und Knoblauch dünsten.

Tomatenmark und geschälte Tomaten zugeben und reduzieren lassen.

Erbsen, Sahne und Kochschinken
beimischen und mit Oregano, Salz,
Pfeffer und Nelken würzen.

Gegarte Nudeln unterheben und
servieren.

Tagliatelle Contadina

Zutaten

500 g Tagliatelle

200 g Poulardenbrust
1 Tomate
10 Champignons
15 schwarze Oliven, in Scheiben
geschnitten
1 mittelgroße Zucchini
gehackte glatte Petersilie
Schuss Weißwein
2 Thymianstängel

Zubereitung

Poulardenfleisch in ca. 1 cm dicke
Streifen schneiden.

Zucchini halbieren und in dünne
Scheiben schneiden.

Tomate einritzen, kurz in heißes
Wasser geben, bis sich die Schale
leicht löst, Haut abziehen, vierteln,
die Kerne entfernen und dann in
kleine Würfel schneiden.

Die Zucchini in Olivenöl leicht anbraten, mit Salz, Pfeffer und Thymian
würzen und ca. 5 Minuten al dente
garen.

Poulardenfleisch in Olivenöl kurz anbraten, mit Salz und Pfeffer würzen
und die in Scheiben geschnittenen
Champignons, Oliven, Tomatenwürfel
sowie Zucchinischeiben zugeben, kurz
anschwitzen, mit etwas Weißwein
ablöschen und die gegarten Nudeln
unterheben.

Kurz vor dem Servieren die gehackte
Petersilie einstreuen und mit frischen
Thymianstängeln garnieren.

Tipp

Ein kalorienbewusstes,
schön buntes Gericht,
ideal für die warme
Jahreszeit.

Fettuccine Carbonara

Zutaten
👤👤👤👤

500 g Fettuccine

100 g geräucherter Bauchspeck
in Würfeln
4 Eier
2 Schöpfer Sahne
gehackte Petersilie
Olivenöl
Salz
Prise weißer Pfeffer
schwarzer Pfeffer aus der Mühle
1 Schuss Weißwein

Zubereitung

Geräucherten Speck in einer Pfanne
mit etwas Olivenöl leicht ausbraten.
Mit einem großzügigen Schuss
Weißwein ablöschen.

Zwischenzeitlich die Eier mit Sahne,
Salz, Pfeffer und Petersilie aufschla-
gen.

Die gekochten Nudeln nach ca.
3 Minuten abgießen und zu den an-
gebratenen Speckwürfeln geben.

Bei großer Hitze die aufgeschlage-
nen Eier zu den Nudeln geben und
unter ständigem Rühren garen, bis
die Eier eine leichte Bindung errei-
chen.

Etwas schwarzen Pfeffer darüber
mahlen und anschließend sofort
servieren.

Spaghetti Ragout (Bolognese)

Zutaten

👤👤👤👤

500 g Spaghetti
50 g Butter

Ragout-Sauce für ca. 8 Portionen
500 g Schweineschulter
800 g Kronfleisch oder
Rinderschulter
50 g Butter
5 EL Olivenöl
1 Karotte
1 Gemüsezwiebel
100 g Sellerie
1 kg Dose geschälte Tomaten
¼ l Rotwein
1 EL Tomatenmark
2 EL Salz
1 EL Pfeffer

Prise Rosmarin
Prise Muskat
Prise Nelken
Prise Oregano
Prise Majoran

Tipp

Sollten Sie keine gemahlenen Nelken haben, so können Sie die ganzen Nelken auch in einen Teebeutel geben, zubinden und in das Ragout legen.

Die Mengenangaben beziehen sich auf eine Menge für ca. 8 Personen. Die fertige Sauce lässt sich hervorragend einfrieren.

Zubereitung

Ragout-Sauce
Fleisch in Stücke schneiden und durch den Fleischwolf mit grober Scheibe durchdrehen (oder beim Metzger durchgedreht kaufen).

Karotte, Sellerie und Zwiebel durch den Fleischwolf (mittlere Körnung) drehen und in Butter und Olivenöl anschwitzen. Das durchgedrehte Fleisch zugeben und weiterdünsten, bis etwas Flüssigkeit verdunstet ist.

Die geschälten Tomatenstücke, Tomatenmark, Rotwein und alle weiteren Zutaten zugeben und ca. 1 bis 1½ Stunden bei öfterem Umrühren köcheln lassen.

Nochmals abschmecken und in entsprechenden Portionen abpacken und einfrieren.
Ein gutes Ragout benötigt eine bestimmte Menge. Aus diesem Grund ist hier keine Menge für 4 Personen angegeben.

Zubereitung des Gerichts
Die benötigte Menge Spaghetti al dente kochen, abtropfen lassen und mit einem Schöpfer Ragout-Soße pro Person in der heißen Pfanne vermischen. Einen Stich Butter nicht vergessen.

Pappardelle Schinken

👤👤👤👤

500 g Pappardelle

200 g gekochter Schinken
in Scheiben
3 Schöpfer Sahne
4 EL Mascarpone
gehackte Petersilie

Zubereitung

Schinken in 1 cm große Rauten
schneiden.

Mascarpone mit der Sahne erwärmen und verrühren.

Gehackte Petersilie dazugeben und
die in Salzwasser al dente gekochten
Nudeln unter großer Hitze unterrühren.

Tipp

Ein einfaches und
schnell zuzuberei-
tendes Gericht.

Spaghetti mit Wildschweinragout

Zutaten
👤👤👤👤

500 g Spaghetti

Ragout für ca. 10 Portionen
1 kg ausgelöste Wildschweinschulter
100 g Sellerie
1 große Karotte
1 Gemüsezwiebel
2 EL Olivenöl
20 g Butter
1 Knoblauchzehe
1 TL Pfeffer

0,3 l Fleischbrühe
0,3 l Rotwein
2 Schöpfer Tomatensauce (s. S. 16)
3 Rosmarinzweige
3 Thymianzweige
Salz

Tipp

Für dieses Gericht empfehle ich aus Gründen des Aufwandes, eine größere Menge Ragout zuzubereiten und gegebenenfalls in kleineren Mengen einzufrieren.

Zubereitung

Sellerie, Karotte, Knoblauch und die Zwiebel durch den Fleischwolf mit mittlerer Körnung drehen und in einem Topf mit Olivenöl und Butter andünsten.

Die Wildschweinschulter in kleine Stücke schneiden und ebenfalls durch den Fleischwolf drehen, zu dem angeschwitzten Gemüse geben. 10 Minuten weiterschmoren lassen und dann mit der Fleischbrühe und dem Rotwein aufgießen.

Aufkochen lassen, anschließend die Rosmarin- und Thymianzweige im Ganzen dazugeben und mit Salz und Pfeffer kräftig würzen.

Das Ragout bei kleiner Hitze ca. 2 Stunden unter öfterem Umrühren köcheln lassen. Die Gewürzstängel entfernen.

Ein gutes Ragout benötigt eine bestimmte Menge. Aus diesem Grund ist die Ragout-Menge für 10 Portionen angegeben.

In einer tiefen Pfanne die entsprechende Menge Wildschweinragout mit der Tomatensauce verrühren und die gekochten Spaghetti unterheben.

Nudeln
mit Fisch

Tagliatelle mit Flusskrebsen

Zutaten

500 g frische Tagliatelle

200 g gefrorene Flusskrebse
2 kleine Schöpfer Tomatensauce
(s. S. 16)
2 kleine Schöpfer Sahne
Schuss Weißwein
1 Zweig Dill
gehackte, glatte Petersilie oder
Kräuterbutter (s. S. 12)
½ gehackte Knoblauchzehe

Zubereitung

Nudeln in Salzwasser 3 Minuten
kochen.

Flusskrebse auftauen lassen und
ohne Auftauwasser mit den anderen
Zutaten in einen Topf geben.

Diese zusammen mit Tomatensauce,
Sahne, Weißwein und Knoblauch ca.
1 Minute aufkochen lassen.

Anschließend die gehackten Kräuter
zugeben und nochmals kurz zum
Kochen bringen, damit sich die Aro-
men entfalten können.

Die fertigen Nudeln unterheben und
durchschwenken.

Gefüllter Tintenfisch

Zutaten

4 Tintenfischtuben (Größe 5)
4 cl Zitronensaft

Füllung
¼ Sellerie
2 Karotten
1 Zwiebel
1 Ei
1 Knoblauchzehe
30 g Semmelbrösel
gehackte Petersilie
10 Stängel Schnittlauch
5 Stängel Dill
2 Stängel Kerbel
50 g geriebener Parmesan
6 gehackte Krabben

Sauce
500 ml geschälte Tomaten
100 ml Weißwein
Salz, Pfeffer
je 1 Prise Rosmarin, Salbei, Muskat, Nelken, Oregano, Majoran und Thymian
2 Lorbeerblätter
Prise Zucker

Tipp

Das Füllen der Tintenfische mit der vorbereiteten Masse lässt sich am leichtesten mit einem Spritzsack erledigen.

Zubereitung

Tintenfischtuben im Salz und Zitronenwasser ca. 1 Stunde kochen. Im kalten Wasser abschrecken und kühlstellen. Anschließend halbieren, die Innenhälften säubern und das Rückenschild (Schulp) entfernen. Dies kann bereits am Vortag vorbereitet werden.

Füllung
Die Zwiebel in kleine Würfel schneiden und in etwas Butter und Olivenöl glasig andünsten.
Karotten und Sellerie mit einer mittleren Reibe (ca. 4 mm) zerkleinern und mit der zerdrückten Knoblauchzehe zu den Zwiebeln geben. Zusammen ca. 10 Minuten dünsten.

Anschließend die Krabben und die Kräuter zugeben und weitere 5 Minuten zugedeckt dünsten.
Mit Salz und Pfeffer würzen und etwas abkühlen lassen.

Dann das Ei, die Semmelbrösel und den geriebenen Parmesan dazugeben und kräftig verrühren.

Sauce
Geschälte Tomaten pürieren und mit Weißwein zum Kochen bringen. Jeweils eine Prise der oben angegebenen Gewürze dazugeben und 10 Minuten leicht kochen lassen.

Fertigstellung
Die gekochten Tintenfische mit frischem Wasser auswaschen und mit der vorbereiteten Masse füllen.

Eine feuerfeste Form mit ⅓ der Tomatensauce füllen, die Tintenfische darauflegen und mit der restlichen Tomatensauce übergießen.

Anschließend im Rohr bei 190 Grad 45 Minuten garen.

Fettuccine Krabben

Zutaten
♟♟♟♟

500 g frische Fettuccine

32 Krabben gefroren ohne Schale
3 kleine Schöpfer Tomatensauce
(s. S. 16)
2 kleine Schöpfer Sahne
1 Schuss Weißwein
½ Knoblauchzehe
Schuss Zitronensaft
gehackte Petersilie oder
Kräuterbutter
2 EL Salz

Zubereitung

Die Nudeln in 3 l Salzwasser ca.
3 Minuten kochen.

Krabben in etwas Wasser mit Zitronensaft und einer Prise Salz kurz aufkochen und sofort aus dem Sud nehmen.

In einem Topf die Tomatensauce, Sahne, Knoblauch und Weißwein erwärmen und leicht sämig einkochen, die Krabben zugeben, aufkochen und die abgegossenen Nudeln unterheben.

Vor dem Servieren die feingehackte, frische Petersilie einstreuen.

Tipp

Gönnen Sie sich große Krabben, z.B. 16er Größe.

Fettuccine mit Lachs

Zutaten

👤👤👤👤

500 g Fettuccine

300 g frischer Lachs
3 Schöpfer Tomatensauce (s. S. 16)
2 Schöpfer Sahne
6 cl Weißwein
4 Scheiben Kräuterbutter (s. S. 12)

Zubereitung

Den Lachs in möglichst dünne Scheiben schneiden.

Tomatensauce mit der Sahne erwärmen, Weißwein und die dünnen Scheiben Kräuterbutter dazugeben, etwas einkochen lassen, bis eine leicht sämige Flüssigkeit entsteht. Dann die Lachsscheiben dazu geben und noch einmal kurz aufwallen lassen.

Fettuccine 3 Minuten im Salzwasser kochen, abtropfen lassen, in die Sauce geben, durchschwenken und servieren.

Spaghetti Ligure

Zutaten

👤👤👤👤

500 g frische Spaghetti

2 EL Kapern
10 Artischockenböden
(vorgekocht, aus dem Glas)
1 Tomate
20 schwarze Oliven (entkernt)
2 EL Olivenöl
16 Krabben, gekocht und geschält
2 cl Weißwein
gehackte Petersilie

Zubereitung

Nudeln im Salzwasser 3 Minuten
bissfest garen.

Artischocken vierteln, Oliven in
dünne Scheiben schneiden.

Tomaten entkernen und in kleine
Würfel schneiden.

Alles mit den weiteren Zutaten in
einen Topf geben und erhitzen.

Die fertigen Nudeln zugeben, die
Petersilie unterheben und servieren.

Tipp

Ein leichtes
Sommergericht.

Spaghetti marinara

Zutaten

👤👤👤👤

**Marinara-Sauce
(für ca. 10 Portionen)**
500 g Tintenfisch (Größe 5)
1 Karotte
100 g Sellerie
1 Gemüsezwiebel
100 ml Weißwein
150 ml Tomatensauce (s. S. 16)
Olivenöl
2 Knoblauchzehen
2 EL Zitronensaft
Salz
Prise Pfeffer

Prise Cayennepfeffer
½ TL gerebelter Salbei
2 Lorbeerblätter

Spaghetti Marinara
500 g frische Spaghetti
1 EL Piccante-Sauce (s. S. 122)
8 gekochte Krabben
2 EL Weißwein
Petersilie

Tipp.

Die Schärfe der
Marinara-Sauce
bestimmen Sie mit
etwas mehr oder we-
niger zusätzlichem
Cayennepfeffer.

Der Rest der nicht ver-
wendeten Marinara-
Sauce kann gut einge-
froren werden.

Zubereitung

Marinara-Sauce
Die gefrorenen Tintenfische im
Salzwasser mit 2 EL Zitronensaft
ca. 1 Stunde kochen.
Abgießen und im kalten Wasser
abkühlen lassen. Halbieren und
unter kaltem Wasser die Innenhälften säubern und die Rücken-
schilder (Schulp) entfernen. Anschließend den Tintenfisch in ca.
1 cm große Quadrate schneiden.

Zwiebel in kleine Würfel schneiden
und in Olivenöl glasig anbraten.

Geschälte Karotte und Sellerie in
kleine Rauten schneiden und zu den
Zwiebeln geben, andünsten und mit
Weißwein ablöschen.

100 ml der Tomatensauce, die zerdrückten Knoblauchzehen, den Pfeffer, Cayennepfeffer, Salbei sowie die
Lorbeerblätter und den geschnittenen Tintenfisch beimischen.

Das Ganze unter mehrmaligem Umrühren ca. 20 – 30 Minuten bei kleiner
Hitze köcheln lassen und nochmals
nachschmecken.

Vor dem Anrichten sollten die Lorbeerblätter entfernt werden.

Spaghetti marinara
In eine Pfanne 8 EL der fertigen
Marinara-Sauce, die restlichen 50 ml
Tomatensauce, Krabben, 1 EL Piccante-
Sauce, den Weißwein und die gehackte
Petersilie geben.

Noch einmal aufkochen und mit den
in Salzwasser 3 Minuten gegarten
Spaghetti durchschwenken.

Fettuccine mit Thunfisch

Zutaten
👤👤👤👤

500 g frische Fettuccine

150 g Thunfisch in der Lake
2 Schöpfer Tomatensauce (s. S. 16)
15 schwarze Oliven
40 g mittelgroße Kapern
Petersilie
2 Stängel Kerbel (oder Kräuterbutter)
1 Knoblauchzehe

Zubereitung

Nudeln in Salzwasser 3 Minuten
kochen.

Thunfisch zerkleinern und mit der
Tomatensauce im Topf erwärmen.
Die in Scheiben geschnittenen Oliven mit der gehackten Knoblauchzehe, den Kapern und den geschnittenen Kräutern zugeben, kurz aufkochen und mit den gekochten
Fettuccine gut vermischen.

Handgemachte Thunfischravioli

Zutaten

600 g Nudelplatten
(ca. 1 mm Stärke)

1 Zwiebel
1 Karotte
50 g Sellerie
ca. 100 g Erbsen
1 rote Paprika
200 g Thunfischfilets eingelegt
2 EL Olivenöl
50 g Butter
2 Knoblauchzehen

gehackte Petersilie
geschnittener Schnittlauch
gehackter Kerbel
gehackter Dill
20 g Semmelbrösel
30 g geriebener Parmesan
1 Eigelb
2 EL Sahne
Schuss Weißwein
2 Lorbeerblätter

Tipp

Es ist ratsam, aufgrund des Arbeitsaufwandes, gleich eine größere Menge der Thunfischravioli herzustellen und im Tiefkühlschrank aufzubewahren.

Zubereitung

Zwiebeln klein schneiden und in Butter und Olivenöl mit den zerkleinerten Knoblauchzehen anschwitzen.

Karotten und Sellerie fein raspeln, zu den Zwiebeln geben und weich kochen lassen.

Thunfisch, in kleine Würfel geschnittene Paprika und Erbsen unterrühren und mit Salz, Pfeffer, Lorbeerblättern und Kräutern würzen (oder Kräuterbutter von S. 12 verwenden).

Ca. 15 Minuten kochen und anschließend abkühlen lassen, Lorbeerblatt entfernen. Wenn die Masse erkaltet ist, mit Semmelbröseln und Parmesan etwas binden.

Die Nudelplatten mit der Rückseite der Raviolipresse oder einem gleichgroßen Metallring ausstechen und auf die Raviolipresse (auch „Gebiss" genannt) legen.

Die Ränder mit Eigelb einstreichen und 1 TL Thunfischmasse in die Mitte der Form legen. Die Raviolipresse zusammenlegen und fest zudrücken. Diesen Vorgang für die anderen Ravioli wiederholen.

Die kleinen Nudelreste wieder zusammendrücken, ausrollen und weitere Ravioli pressen.

Die Ravioli anschließend etwa 7 Minuten in Salzwasser kochen.

Für die Sauce einen kleinen Teil der Thunfischmasse mit Weißwein und Sahne mit dem Pürierstab zerkleinern, 2 EL Tomatensauce zugeben, in der Pfanne erwärmen und die gekochten Ravioli darin schwenken.

Diese Ravioli können Sie einzeln in Lagen zwischen Frischhaltefolie gut einfrieren.

Kaufen Sie nur ein „Gebiss" aus Metall, da es stabiler ist.

Nudeln
mit Pilzen

Tagliatelle mit Pfifferlingsauce

Zutaten
👤👤👤👤

500 g frische Tagliatelle

300 g frische Pfifferlinge
1 Gemüsezwiebel
80 ml Sahne
3 EL Mascarpone
1 Knoblauchzehe
15 g Butter
Prise Salz
Prise Pfeffer
Prise Zucker
Prise Oregano
gehackte Petersilie

Zubereitung

Pfifferlinge unter fließendem Wasser säubern.

Zwiebel in kleine Würfel schneiden, und den Knoblauch fein hacken. Beides mit einer Prise Zucker in Olivenöl glasig anschwitzen.

Pfifferlinge dazugeben, mit Salz, Pfeffer, Oregano würzen und ca. 10 Minuten köcheln lassen. Butter zugeben und zur Seite stellen.

In einer Pfanne Sahne mit Mascarpone erwärmen und die Pfifferlinge mit nur wenig Sud zugeben. Kurz aufkochen, Petersilie darüber streuen und die al dente gekochten Nudeln unterheben.

Tagliatelle mit frischen Steinpilzen

Zutaten

👤👤👤👤

500 g Tagliatelle

200 g frische Steinpilze
1 kleine Zwiebel
4 EL Sahne
3 EL Mascarpone
Weißwein
30 g Butter
Olivenöl
gehackte Petersilie
frischer Oregano
½ TL Zucker
Prise Salz
Prise Pfeffer
50 ml Rotwein

Zubereitung

Steinpilze waschen und in ca.
2 – 3 cm Stücke schneiden.
Die Zwiebel in kleine Würfel
schneiden.

In einem Topf etwas Olivenöl mit
Butter erhitzen und darin die
Zwiebel mit dem Zucker glasig
anschwitzen.

Die Steinpilze zugeben und mit Oregano, Salz und Pfeffer würzen und
ca. 15 Minuten zugedeckt dünsten
lassen.

In einer Pfanne die Sahne und den
Mascarpone verrühren, etwas Weißwein zugeben und kurz erhitzen.

Die Steinpilze und je nach Bedarf
etwas Steinpilzsud dazu geben.

Die frisch gehackte Petersilie dazu
mischen und die gekochten Nudeln
unterheben.

Nudeln
mit Gemüse

Fettuccine piccante

Zutaten
👤👤👤👤

550 g Fettuccine

Sauce piccante für ca. 8 Portionen

ca. 125 g Peperoncini	1 Schöpfer Tomatensauce (s. S. 16)
50 g Kapern	10 g Butter
5 Knoblauchzehen	gehackte Petersilie
500 g geschälte Tomaten	1 Prise Zucker
1 EL Tomatenmark	1 Prise Pfeffer
2 EL Olivenöl	½ TL Cayennepfeffer
250 ml Weißwein	
50 g Butter	
Salz	

Tipp

Durch mehr Cayennepfeffer wird die Sauce noch pikanter.

Aus wirtschaftlichen Gründen ist es bei dieser Sauce empfehlenswert, gleich eine größere Menge zuzubereiten und in kleinen Portionen einzufrieren.

Zubereitung

Sauce piccante
Peperoncini von den Stielen entfernen, Knoblauchzehen schälen und zusammen mit den Kapern durch den Fleischwolf drehen (kleine Scheibe) oder mit einem scharfen Messer sehr fein hacken.
In einem Topf Olivenöl und Butter erhitzen, die durchgedrehte Peperoncini-Masse zugeben und bei mittlerer Hitze unter mehrmaligem Umrühren ca. 10 Minuten köcheln lassen.
Den Weißwein, Tomatenmark und die geschälten Tomaten zugeben, würzen und ca. 1½ Stunden köcheln lassen.
Nochmals abschmecken und mit einem Stabmixer noch etwas zerkleinern.

Fettuccine piccante
Nudeln im Salzwasser 3 Minuten kochen.

8 EL Piccantesauce, 1 Schöpfer Tomatensauce, Butter und Petersilie in einer Pfanne erwärmen und die abgegossenen, heißen Nudeln dazugeben.

Kurz durchschwenken und dann „Guten Appetit".

Tagliatelle mit Spargel

Zutaten
👤👤👤👤

500 g Tagliatelle

400 g frischer weißer Spargel
150 g grüner Spargel
100 ml Sahne
4 EL Mascarpone
Schuss Weißwein
Schnittlauch
½ Zitrone
1 EL Salz
Prise Zucker

Zubereitung

Weißen Spargel schälen und den letzten Zentimeter abbrechen, so sehen Sie, ob noch Schale am Spargel ist.

Beim grünen Spargel nur den unteren Teil schälen.

In einem Topf Wasser mit Zitrone, Zucker und Salz zum Kochen bringen. Die Spargelschalen in den Topf geben und ca. 15 Minuten darin auskochen.

Rausnehmen und dann den weißen Spargel in diesem Sud 10 Minuten kochen und sofort aus dem Sud nehmen.

Anschließend den grünen Spargel ca. 7 Minuten kochen und ebenfalls abkühlen lassen.

Den Spargel in ca. 4 cm lange Stücke schneiden.

In einem Topf Sahne mit Mascarpone, Weißwein und etwas Spargelsud erhitzen, Schnittlauch und die Spargelstücke zugeben, die gekochten Nudeln unterrühren und sofort servieren.

Tipp

Den Spargelsud können Sie gerne zu einer Spargelcremesuppe weiterverarbeiten oder als klare Spargelsuppe verzehren.

Oft können Sie beim Spargelbauern oder am Markt auch Spargelbruch kaufen. Hierbei handelt es sich nur um die Spargelköpfe. Sie machen dieses Gericht noch feiner, sind allerdings auch etwas teurer.

Spaghetti Tomatensauce

Zutaten
👤👤👤👤

500 g Spaghetti

6 Schöpfer Tomatensauce (s. S. 16)
30 g Butter
50 g geriebener Parmesan

Zubereitung

Die Nudeln in ausreichend Salzwasser 3 Minuten kochen.

In einer großen Pfanne die Tomatensauce und die Butter erwärmen und die abgegossenen, heißen Spaghetti unterheben.

Parmesan nicht vergessen.

Tipp

Ein einfaches, schnelles und vor allem bei Kindern sehr beliebtes Gericht.

Gnocchi mit Spinat

Zutaten

👤👤👤👤

Kartoffelmasse
1 kg Kartoffeln
150 g Spinat (püriert)
Salz
Prise Pfeffer
Prise frisch geriebene Muskatnuss
3 Eier, mittelgroß
ca. 100 g Kartoffelmehl/-stärke

Gorgonzola-Sauce
200 g Gorgonzola
100 g Mascarpone
150 ml Sahne
Prise Salz
Prise weißer Pfeffer
Prise Muskat

Tipp

Damit die Gnocchi beim Kochen nicht auseinander fallen, machen Sie am besten eine Garprobe: Eine kleine Probe ins siedende Salzwasser geben und ca. 4 Minuten ziehen lassen. Sollte sich die Probe auflösen, so müssen Sie noch etwas Kartoffelstärke unterrühren.

Zubereitung

Kartoffeln schälen und für mehrere Stunden im Wasser stehen lassen.

Anschließend die Kartoffeln in Salzwasser kochen, etwas abkühlen lassen und dann pürieren.

Die Kartoffelmasse mit Salz, Pfeffer und Muskat kräftig würzen und den abgetropften Spinat sowie die Eier zugeben. Gut vermengen und mit Kartoffelstärke binden, bis eine formbare Masse entsteht.

Die fertige Masse in Portionen zu 250 g abwiegen. Zu etwa 30 cm langen Würsten formen und auf ein bemehltes Blech legen.

Vor dem Garen die Würste in gleiche Teile schneiden.

In kochendes Salzwasser geben und ca. 4 Minuten ziehen lassen.

Die Zutaten für die Gorgonzolasauce vorsichtig schmelzen lassen.

In einer Pfanne die Gorgonzola-Sauce mit Sahne erhitzen und die Gnocchi darin schwenken.

Zu den Gnocchi schmeckt auch die Tomaten-Kräuter-Sauce (s. S. 16) sehr gut.

Nudeln
mit Käse

Cannelloni gefüllt mit Ricotta
und Tomaten-Kräutersauce

Zutaten

400 g frische Nudelplatten

Füllung
400 g Ricotta
Salz
Prise Pfeffer
Prise Muskat
50 g Parmesan

Sauce
300 g Tomatensauce (s. S. 16)
¼ l Sahne
Nudelstuben-Kräuterbutter (s. S. 12)
gehackte Petersilie
0,1 l Weißwein

Tipp

Alternativ kann man die Cannelloni auch mit Quattro Formaggisauce (s. S. 136) zubereiten.

Zubereitung

Nudeln in 8 cm breite Streifen schneiden, im Salzwasser 3 Minuten weichkochen und im kalten Wasser abschrecken.

Tomatensauce mit Sahne, Weißwein, Kräuterbutter, Petersilie, Salz und Pfeffer zum Kochen bringen. Damit den Boden einer feuerfesten Form bedecken.

Ricotta in einer Schüssel mit Salz, Pfeffer, Muskat und Parmesan verrühren.

Die gekochten Nudelplatten auf einem Küchentuch auslegen.

Die Ricottamasse in einen Spritzbeutel geben und entlang dem oberen Rand mit etwas Abstand auf die Nudelplatten aufspritzen.

Die Nudelplatte mit zwei Umdrehungen einrollen und abschneiden. Die Cannelloni in die Form legen, bis diese gefüllt ist.

Die restliche Sauce darüber gießen, mit Parmesan bestreuen und im Rohr 20 Minuten bei 160 Grad backen.

Fettuccine Mozzarella

Zutaten
👤👤👤👤

500 g frische Fettuccine

400 g Mozzarella
3 Schöpfer Tomatensauce (s. S. 16)
10 cl Weißwein
10 g Butter
Prise Basilikum
gehackte Petersilie

Zubereitung

Nudeln in Salzwasser ca. 3 Minuten kochen.

Mozzarella in ca. 1 cm große Würfel schneiden.

Tomatensauce in einem Topf oder in einer Pfanne erhitzen. Weißwein, gehackte Petersilie, Basilikum, Butter und die Mozzarellawürfel zugeben. Die Sauce nur kurz erwärmen.

Die abgetropften Nudeln unterheben und bei kleiner Hitze weiter wärmen, bis der Mozzarella fast zerlaufen ist.

Pappardelle Quattro Formaggi

Zutaten

👤👤👤👤

500 g Pappardelle

Käsesauce für ca. 10 Portionen
½ l Sahne
50 g Butter
200 g Mascarpone
200 g Gorgonzola
150 g Emmentaler
100 g Parmesan
Prise Salz
Prise Pfeffer
Prise Muskat

Tipp

Für diese Sauce können Sie auch Käsereste, die Sie noch in der Küche haben, verwenden. Jedoch sollten Sie darauf achten, dass Sie keine allzu geruchsstrengen Sorten dazugeben.

Sie können die Sauce portionsweise einfrieren.

Zubereitung

Sahne, Butter und den zerkleinerten Käse unter ständigem Umrühren langsam schmelzen.

Die Gewürze zugeben, aber nicht mehr kochen lassen.

Nudeln im Salzwasser ca. 3 Minuten kochen, abgießen und die heiße Sauce unterheben.

Nudeln
mit Kräutern

Spaghetti aglio e olio

Zutaten

👤👤👤👤

500 g frische Spaghetti

12 Knoblauchzehen
40 g Butter
2 EL Olivenöl
gehackte Petersilie
Prise Cayennepfeffer
Prise Pfeffer
Salz

Zubereitung

Knoblauchzehen schälen und mit dem Messer fein hacken.

In einer Pfanne Butter und Olivenöl erwärmen, den Knoblauch, Cayennepfeffer und Pfeffer zugeben.

Die in Salzwasser ca. 3 Minuten gekochten Nudeln unterheben und bei großer Hitze alles vermischen.

Vor dem Servieren die frisch gehackte Petersilie untermischen.

Tipp

Je nach Gusto können Sie mehr oder weniger Knoblauch verwenden.

Der Knoblauch darf beim Zubereiten auf keinen Fall Farbe annehmen, weil er sonst bitter wird.

Ravioli mit Bärlauch-Pesto

Zutaten
👤👤👤👤

600 g Ravioli

200 g Bärlauch
(20 Blätter davon extra legen)
2 Knoblauchzehen
300 ml Olivenöl
40 g Pinienkerne
10 g Butter
grobes Salz
40 g nicht zu alter Pecorino
oder Parmesan

Tipp

Es empfiehlt sich,
Pesto gleich in einer
größeren Menge zuzu-
bereiten, da er sehr gut
auch über längere Zeit
im Kühlschrank gela-
gert werden kann.

Zubereitung

Bärlauch vorsichtig waschen und
abtropfen lassen.

Die Pinienkerne in einer Pfanne
ohne Öl goldgelb anrösten.

Den Bärlauch mit den Pinienkernen,
Knoblauch, 1 Prise Salz und etwas
Olivenöl mit der Küchenmaschine
oder einem Stabmixer zerkleinern.
Nach und nach den geriebenen Käse
zugeben und zu einer gleichmäßigen
Masse verarbeiten.

Sicherlich können Sie auch dieses
Pesto mit dem Mörser zubereiten,
jedoch benötigen Sie dafür eine
ganze Weile länger.

Zum Schluss langsam das restliche
Olivenöl einrühren, bis eine cremige
Masse entsteht.

4 EL Pesto in eine Pfanne geben und
mit der Butter erwärmen. Die restlichen Blätter des Bärlauchs in dünne
Streifen schneiden und ebenfalls zugeben.

Leicht erwärmen und mit den 7 Minuten gegarten Ravioli vermischen.

Als optische und geschmackliche Ab-
rundung können Sie mit einem Kartof-
felschäler Parmesan darüber raspeln.

Zum Aufbewahren den restlichen
Pesto in ein Gefäß füllen, mit Olivenöl
abdecken und kühl aufbewahren.

Tagliatelle Pesto Genovese

Zutaten

Pesto für 10 Portionen

300 g frischer Basilikum
150 g frische glatte Petersilie
3 Knoblauchzehen
100 g Pinienkerne
50 g frisch geriebener Parmesankäse
50 g frisch geriebener, mittelalter Pecorino
Olivenöl
Salz
Prise Pfeffer
Prise Chili

500 g Tagliatelle

Tipp

Zum längeren Aufbewahren im Kühlschrank sollte dieser Pesto ohne Käse zubereitet werden und mit Olivenöl bedeckt sein. Ansonsten fängt der Käse zu gären an.

Zubereitung

Basilikum vorsichtig waschen, auf einem Tuch abtrocknen und von den Stielen zupfen.

Die Pinienkerne in einer Pfanne ohne Fett leicht anrösten, nicht zu stark, da sie sonst bitter werden. Dann die Pinienkerne mahlen oder im Mörser zerstoßen.

Die Kräuter klein schneiden und im Mörser mit den zerkleinerten Knoblauchzehen und den Pinienkernen zu einem Brei vermengen.

Zum Schluss langsam das Olivenöl einrühren und mit dem Parmesan und dem Pecorino eine cremige homogene Masse zubereiten.

Nudeln ca. 3 Minuten in Salzwasser kochen, abgießen und 4 EL Pesto unterziehen.

Sollte kein Mörser vorhanden sein, so können Sie auch einen Stabmixer verwenden.

Beachten Sie unbedingt, dass die Mischung nicht überhitzt, da das Aroma sonst sehr leidet.

Ravioli Tomaten Kräuter

Zutaten
👤👤👤👤

600 g Ravioli

3 Schöpfer Tomatensauce (s. S. 16)
30 g Butter
1 Stängel Kerbel
1 Stängel Dill
gehackte Petersilie
geschnittener Schnittlauch
40 g geriebener Parmesan

Oder: Sie verwenden statt der frischen Kräuter etwas Kräuterbutter (s. S. 12).

Zubereitung

Die Ravioli im Salzwasser 6 – 7 Minuten kochen.

In einer großen Pfanne die Tomatensauce mit der Butter erwärmen und die kleingeschnittenen Kräuter dazugeben.

Alles kurz aufkochen lassen und die abgegossenen Ravioli unterheben.

Parmesan sollte extra serviert werden.

Tipp

Die Ravioli kann man gut vorkochen und im kalten Salzwasser wenige Tage aufbewahren.

Bei Bedarf die Ravioli nur kurz in heißem Salzwasser aufwärmen.

Ravioli Salbei

Zutaten

600 g Ravioli

Salbeibutter

50 g Salbei
50 g Butter
1 EL Zitronensaft
Salz
Pfeffer aus der Mühle

Zubereitung

Salbeibutter
Salbei waschen, von den Stielen zupfen, mit dem Messer etwas zerkleinern und in eine Schüssel geben.

Die auf Zimmertemperatur erwärmte Butter dazugeben, mit Zitronensaft, Salz und Pfeffer würzen und kräftig durchkneten.

Aus dieser Salbeimasse eine ca. 4 cm dicke Wurst formen, in Frischhaltefolie einwickeln und mindestens 1 Stunde tiefkühlen.

Die frischen Ravioli in Salzwasser ca. 6 Minuten kochen.

In eine heiße Pfanne etwas Butter geben, die Salbeibutter in hauchdünne Scheiben schneiden und in der Pfanne schmelzen lassen.

Die gekochten Ravioli dazu mischen, nur noch kurz erhitzen (nicht braten). Sofort servieren.

Tipp

Der Salbei sollte nicht zu heiß werden, da sich sonst die ätherischen Öle des Salbeis verflüchtigen und das Aroma darunter leidet.

Desserts

Panna cotta mit Zwetschgenröster

Zutaten
👤👤👤👤

1 l Sahne
1 Bourbon Vanillestange
25 g Zucker
15 g Aspikpulver (Gelatine)

Zwetschgenröster
200 g Zwetschgen
30 g Zucker
30 ml Orangensaft
50 ml Rotwein

Zubereitung

Vanillestange halbieren und mit einem Messer das Mark ausschaben.

Sahne mit dem Zucker erwärmen, Vanilleschote und Mark dazugeben, kurz aufkochen lassen.

Das Aspikpulver in 5 cl warmem Wasser ca. 5 Minuten einweichen und auf maximal 40 Grad Celsius erwärmen.

Danach das flüssige Aspik in die heiße Sahne rühren und die Masse im Wasserbad kaltrühren.

Kurz vor dem Erkalten in entsprechende Formen gießen und im Kühlschrank mindestens 8 Stunden kühlen.

Zwetschgenröster

Zucker in eine Pfanne geben und erhitzen, bis er sich braun färbt und leicht schäumt. Dann sofort Orangensaft und Rotwein darüber gießen, glatt rühren.

Die halbierten und entkernten Zwetschgen zugeben und ca. 10 Minuten köcheln lassen.

Sollte zu viel Flüssigkeit entstehen, kann sie mit etwas in Wasser aufgelöster Kartoffelstärke gebunden werden.

Tipp

Sie sollten besonders sorgfältig mit dem flüssigen Zucker umgehen, da er sehr heiß ist: Verbrennungsgefahr!

Tiramisu

Zutaten
👤👤👤👤

2 Eier
200 g Puderzucker
600 g Mascarpone
20 Löffelbiskuits (Biscotti)
Prise Salz
2 Espressi
2 cl Marsala
2 cl Amaretto
Kakaopulver – zum Bestreuen

Tipp

Sie können das Tiramisu auch in Portionsgläser einfüllen.

Zubereitung

Eigelb und Eiweiß trennen. Espresso, Marsala und Amaretto zusammenmischen und abkühlen lassen. Eiweiß mit einer kleinen Prise Salz sehr steif schlagen.

Das Eigelb mit dem Puderzucker kräftig verrühren, anschließend die Mascarpone unterrühren und das vorbereitete Eiweiß vorsichtig unter diese Masse heben.

In eine flache Schüssel etwas Masse streichen und darauf die in der Kaffee-Likör-Mischung eingetauchten Biscotti legen. Wiederum mit der Masse bestreichen und erneut eine Lage getränkte Biscotti darauf legen.

Mit der restlichen Masse zudecken und einen Tag im Kühlschrank stehen lassen.

Erst kurz vor dem Servieren mit Kakao bestäuben.

Tiramisu mit Erdbeeren

Die Mascarpone-Masse nach dem Rezept wie oben zubereiten. Die Biscotti mit Vino fragole (Erdbeerwein) tränken und auf die Biscotti reife Erdbeerenscheiben legen.

Mit rosa Puderzucker und Zitronenmelisse dekorieren.

Profiteroles mit Vanillecreme
(Mini-Eclaires oder Windbeutel)

Zutaten

Masse ergibt ca. 40 Stück

100 g Butter
60 ml Wasser
60 ml Milch
1 TL Zucker
½ TL Salz
125 g Mehl
2 Eier
Prise Muskat
1 Eigelb

Füllung

1 l Milch
1 Bourbon Vanillestange
geriebene Schale von einer
halben Zitrone
200 g Zucker
220 g Mehl
4 Eier
4 Eigelb

100 g Bitterschokolade

Tipp

Wenn Ihnen die Herstellung der Creme zu aufwändig ist, können Sie auch eine fertige Vanillecreme verwenden.

Zubereitung

Butter mit Zucker und Salz in Wasser und Milch kurz aufkochen und das Mehl in die heiße Flüssigkeit schütten. Mit einem Holzlöffel kräftig bei mittlerer Hitze durchrühren, bis sich ein Teigkloß gebildet hat und sich vom Topf löst.
Die Eier dazugeben und kräftig einrühren, bis sie vollständig eingearbeitet sind.

Den Herd auf 200 Grad vorheizen.

Den Teig in nussgroße Kugeln formen und auf ein Backblech mit Backpapier legen.
Das Eigelb leicht schlagen und die Profiteroles damit bestreichen. Anschließend ca. 20 bis 25 Minuten backen, bis sie eine leichte Farbe angenommen haben.

Milch mit dem Vanillemark der ausgekratzten Vanilleschote, der Zitronenschale und dem Zucker kurz zum Kochen bringen.
Auf ca. 80 Grad abkühlen lassen und das Mehl und die Eier unterrühren. Wenn die Creme erkaltet ist, die halbierten Windbeutel damit füllen.

Die Schokolade erwärmen und die Profiteroles damit überziehen.

Inhaltsverzeichnis

Danksagung

Jürgen Hornung wurde vom gern gesehenen Gast zum Mitstreiter und Freund. Er hat all die Bilder fotografiert, die hungrig machen. Sabine danken wir für die tatkräftige Mithilfe beim Probeessen und Philipp für den zeitweisen Verzicht auf seinen Papa.

Unserer Tochter Anna danken wir für den zähen Kleinkrieg, den sie mit unseren sprachlichen Brocken führen musste, um sie aus dem Weg zu räumen.

Frau Prof. Dr. Ruisinger vom Medizinhistorischen Museum in Ingolstadt danken wir von ganzem Herzen für ihr Vorwort, das uns allen wieder beweist, dass Gutes nicht unbedingt dick macht. Ebenfalls hat sie die Erkenntnis „Du bist, was Du isst" sehr deutlich gemacht.

Herzlichen Dank dem Medienhaus Kastner für die äußerst kompetente Führung durch den Wald der Erkenntnis beim Erstellen dieses Buches. Danke Frau Lang, Danke Frau Müller, Danke Herr Lichtenegger!

Herzlichen Dank auch Herrn Stiebert von der Buchhandlung Stiebert in der Kupferstraße, Frau Prof. Dr. Ruisinger und dem Medienhaus Kastner: Sie alle verzichten auf einen großen Teil ihrer Verkaufsprovision.

Wir danken allen, die dieses Buch kaufen, denn wir unterstützen mit dem Gewinn
- das Medizinhistorische Museum in Ingolstadt
- Bruder Martin mit seiner wichtigen Arbeit in der Straßenambulanz St. Franziskus
- das Elisabeth Hospiz in Ingolstadt.

Inge Gschwendtner